Didier Fass

Das Leben
Eine kritische Gebrauchsanweisung

Frankfurter Adorno-Vorlesungen 2016

Übersetzt von Christine Pries

Suhrkamp

Bibliografische Information der Deutschen Nationalbibliothek
Die Deutsche Nationalbibliothek verzeichnet diese Publikation
in der Deutschen Nationalbibliografie;
detaillierte bibliografische Daten sind im Internet
über http://dnb.d-nb.de abrufbar.

Erste Auflage 2017

Satz: Satz-Offizin Hümmer GmbH, Waldbüttelbrunn
Druck: Pustet, Regensburg
Printed in Germany
ISBN 978-3-518-58710-2

Für Anne-Claire,
mit der ich
fürs Leben eine Gebrauchsanweisung
gefunden habe

Inhalt

Dank

Die Ehre, die mir zuteilwurde, am Institut für Sozialforschung der Frankfurter Goethe-Universität die Adorno-Vorlesungen zu halten, ist die einzige Entschuldigung, die ich zur Rechtfertigung des ambitionierten Projekts vorbringen kann, das der Titel anzukündigen scheint. Offen gesagt, habe ich denjenigen, die mich in den Monaten vor diesen Vorträgen nach deren Thema fragten, nicht ohne eine gewisse Verlegenheit geantwortet, dass ich über »das Leben« sprechen würde. Die scheinbare Einfachheit eines Wortes mit drei, vier oder fünf Buchstaben – je nachdem, ob auf Französisch, auf Englisch oder auf Deutsch – vermittelte jedoch mit Sicherheit den falschen Eindruck, und das ungläubige Stutzen meiner Gesprächspartner, das auf diese ebenso verwegene wie rätselhafte Äußerung folgte, zwang mich, einige Erklärungen abzugeben. Ich führte also meine Absicht an, die in erster Linie ethnographischen Untersuchungen, die ich im Laufe der letzten beiden Jahrzehnte auf mehreren Kontinenten durchgeführt hatte, noch einmal zu überdenken und eine Reihe von philosophischen Begriffen auf den Prüfstand zu stellen, die mich während all dieser Jahre inspiriert, aber nicht zufriedengestellt hatten. Ich erinnerte daran, dass für meine verschiedenen Forschungsgebiete die Frage nach den Lebensweisen und den Umgangsweisen mit dem menschlichen Leben immer gegenwärtig gewesen sei. Ich erzählte von den Formen des Lebens, der Ethik des Lebens und der Politik des Lebens. Damit meine doppelte – empirische und theoretische – Fragestellung Sinn ergab, versuchte ich letztendlich, meinen Gesprächspartnern eine Gebrauchsanweisung zu liefern.

Als eine Form der Hommage an Georges Perec, der gesagt hat, »Leben« heiße, »von einem Raum zum anderen zu gehen und dabei so weit wie möglich zu versuchen, sich nicht zu stoßen«, ist die Verwendung dieses Ausdrucks im Titel des vorliegenden Buches auch eine Weise, dessen Projekt bescheidener zu machen, es verständlicher wirken zu lassen und ihm den Anstrich einer Art von Bricolage zu geben, die dazu anregt, es als Puzzle zu betrachten, dessen Teile der Leser entdecken und dabei neu zusammensetzen soll. Gleichwohl entspricht der Gegenstand dieses Textes seiner Ankündigung: Es geht darin um das Leben – und um die Leben. Die Annahme, dass darin der rote Faden einer Laufbahn liegt, die in der Medizin begann und dann auf die Anthropologie umschwenkte, ist naheliegend und teilweise sicherlich zutreffend. Vom Biologie-Unterricht wäre ich zum Sammeln von Biographien übergegangen: vom Leben der Organe zum Leben der Menschen. Doch das ist nicht alles. Denn der Blick, den ich anhand der Formen des Lebens, der Ethik des Lebens und der Politik des Lebens auf das Leben werfe, ist nicht neutral. Er ist vom Thema der Ungleichheit geprägt, das heißt von der Ungleichheit der Leben, die von meiner Kindheit in einer euphemistisch so genannten Sozialwohnung bis zu meiner Entdeckung der nichtwestlichen Gesellschaften durch das Elend, das mir in den indischen Städten begegnete, meine Weltsicht geformt hat. Insofern hätte dieses Buch vielleicht den unmissverständlicheren Titel »Über die Ungleichheit der Leben« tragen sollen. So wie das gesamte Werk des Autors von *Das Leben. Gebrauchsanweisung* von einer Abwesenheit heimgesucht wird – von der Abwesenheit seiner im Zweiten Weltkrieg getöteten Eltern –, glaube ich, dass meine gesamte Forschung von einem Bewusstsein für die Ungleichheit der Leben durchdrungen ist. Deshalb habe ich meine Gebrauchsanweisung für das Leben zur näheren Bestimmung mit dem Adjektiv »kritisch« versehen.

Bei der Überarbeitung dieser Vorträge für die Veröffentlichung habe ich nicht nur an ihrem Ablauf festgehalten – einem Triptychon, dessen einzelne Teile mit einem theoretischen Überblick beginnen, der in die empirische Untersuchung einführen und dabei einen neuen Synthesevorschlag machen soll –, sondern auch an ihrem Kontext: an der Bezugnahme auf Adorno zu Beginn des Buches und an der Erinnerung an die tragischen Momente der Zeit, als die *Minima Moralia* verfasst wurden, am Ende jedes Kapitels. Denn alles, was geschrieben wird, hat eine Geschichte, und ich wollte die Schreibweise dieser in Frankfurt in jener Institution gehaltenen Vorträge beibehalten, in der eine der bedeutendsten Formen der Gesellschaftskritik vor beinahe einem Jahrhundert das Licht der Welt erblickt hat, weiterverfolgt und erneuert wurde.

Dieses Stichwort möchte ich zum Anlass nehmen, dem Direktor des Instituts für Sozialforschung, Axel Honneth, meinen Dank dafür auszusprechen, dass er mich zu meiner großen Überraschung eingeladen hat, diese Vorträge zu halten, und mir dadurch Gelegenheit gab, die bis dahin verstreuten Puzzleteile des Lebens zusammenzutragen. Ich möchte auch all den Forscherinnen und Forschern und Professorinnen und Professoren danken, die als Mitglieder oder Gäste ständig oder zeitweilig am Institut tätig sind und deren Anmerkungen, Fragen und Kritikpunkte zur Präzisierung meines Denkens beigetragen haben, vor allem José Brunner, Thomas Khurana, Thomas Lemke, Yves Sintomer, Sarah Speck, Felix Trautmann und Peter Wagner. Außerdem bin ich Sidonia Blättler dafür dankbar, dass mein Besuch in Deutschland so angenehm verlaufen ist, Eva Gilmer für das Angebot, meinen Text in ihrem renommierten Verlag zu veröffentlichen, und schließlich Christine Pries für ihr Talent, ihn sowohl aus dem Englischen als auch aus dem Französischen zu übersetzen. Insofern dieses Buch auf mehreren Jahrzehnten wissenschaftlicher Forschung und menschlicher Erfahrung beruht, ist es mir ohnehin nicht möglich, die Schuld zum Ausdruck zu bringen, in der ich bei so vielen Personen stehe, besonders bei den Studierenden und Kolleginnen und Kollegen an der École des hautes études en sciences sociales und am Institute for Advanced Study, aber auch bei all denjenigen, denen ich im Laufe meiner Feldforschungen vor allem in Südafrika und in Frankreich begegnet bin und die Bruchstücke ihres Lebens mit mir geteilt haben.

Princeton, 21. Dezember 2016

Vorrede
Minima Theoria

Erfüllte Leben geradenwegs seine Bestimmung, so würde es sie verfehlen. [...] Der Gedanke wartet darauf, daß eines Tages die Erinnerung ans Versäumte ihn aufweckt und ihn in die Lehre verwandelt.

Theodor W. Adorno, *Minima Moralia*, 1951

In den ersten Zeilen der »Zueignung« der zu weiten Teilen während des Zweiten Weltkriegs im US-amerikanischen Exil verfassten *Minima Moralia* an seinen Freund und Kollegen Max Horkheimer erinnert Theodor W. Adorno mit Bitterkeit und Wehmut an das, »[w]as einmal für den Philosophen Leben hieß«.[1] In den modernen Gesellschaften, fährt er fort, habe nämlich der materielle Produktionsprozess jenes Leben »zur ephemeren Erscheinung« herabgestuft, die Konsumsphäre biete nur noch einen »Schein des Lebens« oder vielmehr ein »Zerrbild wahren Lebens«. Unter diesen Bedingungen beziehe sich »[d]ie traurige Wissenschaft« der Denker seiner Zeit, wie er seinen Text in ironischer Bezugnahme auf das berühmte Buch von Nietzsche bezeichnet, »auf einen Bereich, der für unvordenkliche Zeiten als eigent-

1 Theodor W. Adorno, *Gesammelte Schriften*, Bd. 4: *Minima Moralia. Reflexionen aus dem beschädigten Leben* (1951), Frankfurt am Main: Suhrkamp Verlag, 1980, S. 13f.

liches Gebiet der Philosophie galt«, mittlerweile aber »der intellektuellen Nichtachtung, der sententiösen Willkür und am Ende der Vergessenheit verfiel: die Lehre vom richtigen Leben.« Erwähnenswert ist übrigens an dieser Stelle, dass der deutsche Ausdruck »das richtige Leben« im Englischen mit »good life« übersetzt wird. Das liegt daran, dass er die Doppelbedeutung von »gutem Leben« und »richtigem Leben« hat und damit ein Beispiel für das semantische Spannungsverhältnis abgibt, das im Zentrum der Moralphilosophie zwischen der ethischen Beziehung zu sich selbst und der ethischen Beziehung zu anderen Menschen besteht.

Wie dem auch sei: Die pessimistische Bilanz des immer noch bedeutendsten Vertreters der ersten Generation der Frankfurter Schule und in dieser Eigenschaft eines der Begründer der »kritischen Theorie der Gesellschaft« läutet die Totenglocke für das, was einmal das Leben in seiner ganzen moralischen Fülle war – ob er es nun als wahr, gerecht oder gut bezeichnet. Davon bleibt nur eine »entfremdete Gestalt«, deren Sackgassen er sich in einer Reihe von kurzen und düsteren Meditationen über ganz alltägliche Phänomene und ganz gewöhnliche Gegenstände der heutigen Welt zu zeigen bemüht. Diese Meditationen bieten mithin, was Rahel Jaeggi »eine Kritik des Kapitalismus *als Lebensform*« nennt, das heißt nicht nur als ungleiches Produktionsverhältnis, sondern auch als herabwürdigende Daseinsweise: Jaeggi zufolge bringen sie gleichzeitig eine »Ethik und Ethikkritik« zum Ausdruck, die Möglichkeit eines anderen Lebens und zugleich die Unmöglichkeit, es herbeizuführen.[2] Adornos bewusst bruchstückhafte Über-

2 Rahel Jaeggi, »›Kein Einzelner vermag etwas dagegen‹. Adornos *Minima Moralia* als Kritik von Lebensformen«, in: Axel Honneth

legungen zu den kulturellen Praktiken der Männer und Frauen seiner Zeit werfen nämlich die Frage nach den gesellschaftlichen und politischen Voraussetzungen auf, die die Einrichtung einer, wie er es nennt, »menschenwürdigeren Ordnung« erlauben würden. Davon seien wir allerdings noch weit entfernt, räumt er ein, insofern der »Blick aufs Leben [...] übergegangen [ist] in die Ideologie, die darüber betrügt, daß es keines mehr gibt«. Manifestation einer »Verzweiflung«, die durch das Schreiben im Schatten der Ruinen von Nazideutschland noch stärker hervortritt.

Seit dem Erscheinen dieses Textes sind 65 Jahre vergangen, und der Kapitalismus, den wir kaum noch beim Namen nennen – und mittlerweile lieber mit einem zweideutigen Euphemismus als »Liberalismus« bezeichnen –, scheint noch größere Triumphe zu feiern und noch unumstrittener zu sein als zu der Zeit, als Adorno sein Buch schrieb, während die tragischen Lehren des Zweiten Weltkriegs und seiner Völkermorde, aus denen sich das Denken seiner Zeitgenossen auf schmerzliche Weise speiste, anscheinend in dem Maße verblassen, wie sich Identitätsdiskurse Gehör verschaffen und autoritäre Versuchungen Bahn brechen: Die Gewaltsamkeit und Unsicherheit einer aus dem Gleichgewicht geratenen Welt werden zur Legitimation aller möglichen Formen von Ausschließung und Unterdrückung herangezogen. Dies sind beunruhigende Anzeichen für ein neues »Zeitalter der Angst«, um den Titel des im selben Zeitraum von dem britischen Schriftsteller W. H. Auden geschriebenen Langgedichts wieder aufzugreifen, denn ein sol-

(Hrsg.), *Dialektik der Freiheit. Frankfurter Adorno-Konferenz 2003*, Frankfurt am Main: Suhrkamp Verlag, 2005, S. 115-141, hier S. 116-121.

ches Auf und Ab des demokratischen Lebens belastet die Menschenleben auf grundverschiedene und oftmals ungleich starke Weise.[3] Das heißt, dass die *Minima Moralia* nichts von ihrer Klarsichtigkeit verloren haben, auch wenn es angebracht ist, ihre Analysen den heutigen Realitäten anzupassen, damit man von neuem über jenes »beschädigte Leben« nachdenken kann, von dem im Untertitel des Buchs die Rede ist. Diesbezüglich muss der paradoxe Charakter der Überlegungen unterstrichen werden, die Adorno anstellt. Angesichts des Ausmaßes der Katastrophe, die der Zweite Weltkrieg und die Vernichtungspläne des Naziregimes darstellen, wählt Adorno das, was Miguel Abensour die »kleine Form« nennt, die »wesensmäßig mit einer Rebellion gegen die Welt des Kriegs und des Schreckens verbunden ist«.[4] Daher der minimalistische Titel; daher die Rückführung der Perspektive auf das einzelne Individuum; daher die Forderung nach einer Philosophie, die für die Verteidigung des – wahren, richtigen oder guten – Lebens einschlägig ist.

Ich möchte meinen Ausführungen trotzdem eine andere Stoßrichtung geben, indem ich das Individuum wieder in die Gesellschaft und in die Welt hereinhole: in die Gesellschaft heißt in den relationalen Raum, der es konstituiert; in die Welt heißt in den globalen Raum, in dessen Rahmen es sich bewegt. Mehr als die Wechselfälle des ethischen Subjekts, denen Adorno seine Überlegungen widmet, versuche ich, die Nöte der politischen

3 W. H. Auden, *The Age of Anxiety. A Baroque Eclogue* (1947), Princeton: Princeton University Press, 2011 ⟨dt.: *Das Zeitalter der Angst. Ein barockes Hirtengedicht* (Aus dem Englischen von Kurt Heinrich Hansen), München: Heyne Verlag, 1979⟩.

4 Miguel Abensour, »Le choix du petit«, in: *Passé Présent*, 1982, 1, S. 59-72.

Gemeinschaft zu durchschauen. Eher als mit den kulturellen Entwicklungen, die er in Frage stellt, beschäftige ich mich mit der Entschlüsselung struktureller Phänomene. Und zu diesem Zweck beabsichtige ich, die Kritik der Lebensweisen, die er formuliert, durch eine Kritik des Umgangs mit dem und mit den Leben zu ersetzen. Nicht: Wie leben wir? Oder: Wie sollen wir leben? Sondern eher: Welchen Wert messen wir dem menschlichen Leben als abstrakter Vorstellung bei? Und auch: Wie bewerten wir Menschenleben als konkrete Realitäten? Jeder Spalt und erst recht jeder Widerspruch zwischen der Wertschätzung des Lebens im Allgemeinen und der Herabwürdigung mancher Leben im Besonderen ist dabei für eine moralische Ökonomie des Lebens in den Gesellschaften der Gegenwart von Bedeutung.

Unter moralischer Ökonomie verstehe ich die Produktion, Zirkulation, Aneignung und Leugnung von Werten, aber auch von Affekten im Zusammenhang mit einem Gegenstand, einem Problem oder, weiter gefasst, einem sozialen Phänomen – im vorliegenden Fall dem Leben. Dieser Begriff macht sowohl Anleihen bei der Analyse, die E. P. Thompson vorgenommen hat, als er die Hungeraufstände im England des 18. Jahrhunderts mit Hilfe der moralischen Ökonomie der Bauern erklärte, das heißt mit Hilfe der Normen und sozialen Verpflichtungen, nach denen sich ihre Erwartungen und Praktiken richteten, als auch bei der Interpretation, die Lorraine Daston vorgelegt hat, als sie die Wissensproduktion im 17. Jahrhundert untersuchte und dabei die Rolle der moralischen Ökonomie der Wissenschaft unterstrich, das heißt der Werte und Affekte, die von den Gelehrten geteilt wurden.[5] Er rückt aber auch an mehre-

5 Didier Fassin, »Les économies morales revisitées«, in: *Annales.*

ren wesentlichen Punkten davon ab. Im Unterschied zu Thompson begrenze ich die moralische Ökonomie nicht allein auf den Aspekt von Gütern und Dienstleistungen, sondern weite sie auf alle sozialen Konfigurationen aus, die für die Beschreibung des moralischen Zustands der Welt einschlägig sind: Die Art und Weise, wie das Leben betrachtet und wie mit den Leben umgegangen wird, ist dabei einer der stärksten Analysatoren. Im Unterschied zu Daston interessiere ich mich weniger für eine stabile Ordnung, um die herum sich ein Konsens bilden kann, als für die Schwankungen, denen die Werte und Affekte im Laufe der Zeit unterliegen, und für die Art und Weise, wie sie dabei in ein Spannungs- oder Konkurrenzverhältnis treten: Die Entwicklungsschritte und Widersprüche der abstrakten Wertschätzung des Lebens und der konkreten Bewertung von Leben sind wesentlich für meine Ausführungen. Dort, wo die eigenen moralischen Vorlieben des britischen Historikers deutlich werden, stellt meine Analyse der moralischen Prinzipien und Gefühle außerdem den Versuch dar, sie eher aufzudecken und zu interpretieren, als sie zu beurteilen, und

Histoire, Sciences Sociales, 2009, 64 (6), S. 1237-1266; Didier Fassin/Jean-Sébastien Eideliman (Hrsg.), *Économies morales contemporaines*, Paris: La Découverte, 2012; E. P. Thompson, »The Moral Economy of the English Crowd in the Eighteenth Century«, in: *Past & Present*, 1971, 50, S. 76-136 ⟨dt.: »Die ›moralische Ökonomie‹ der englischen Unterschichten im 18. Jahrhundert«, in: ders., *Plebeische Kultur und moralische Ökonomie* (Aus dem Englischen von Günther Lottes), Frankfurt am Main/Berlin/Wien: Ullstein Verlag, 1980, S. 66-129⟩; Lorraine Daston, »The Moral Economy of Science«, in: *Osiris*, 1995, 10, S. 2-24 ⟨dt.: »Die moralische Ökonomie der Wissenschaft«, in: dies. (Hrsg.), *Wunder, Beweise und Tatsachen. Zur Geschichte der Rationalität* (Aus dem Englischen von Gerhard Herrgott), Frankfurt am Main: Fischer Taschenbuchverlag, 2001, S. 157-184⟩.

während die US-amerikanische Historikerin einen kulturgeschichtlichen Ansatz verfolgt, bemühe ich mich darum, die sozialen Logiken und Machtverhältnisse nachzuvollziehen, auf denen die Produktion, Zirkulation, Aneignung – wozu auch der Missbrauch gehört – und Leugnung, ja sogar Ablehnung der Werte und Affekte beruht. Die moralische Ökonomie, die ich mir vorstelle, ist nicht die moralische Ökonomie einer Gruppe oder eines Gebiets, sondern die moralische Ökonomie dessen, was in einer bestimmten Gesellschaft zu einem bestimmten Zeitpunkt sinnvoll ist. In dieser Hinsicht ist das Leben, dessen Auslöschung Adorno beklagt hat, vielleicht noch nie zuvor Gegenstand so heterogener und widersprüchlicher moralischer Besetzungen gewesen. Einer so verstandenen moralischen Ökonomie des Lebens ist dieses Buch gewidmet.

*

Doch wissen wir wirklich, wovon wir sprechen, wenn wir vom Leben sprechen? Das ist mehr als ungewiss und deshalb müssen wir uns fragen, was das Wort eigentlich bedeutet.

»Eines der gebräuchlichsten Wörter ist *Leben*. Fast jeder würde sich beleidigt fühlen, wenn man ihn fragte, was er darunter verstehe«, schreibt John Locke, doch er fügt sogleich hinzu: »Wenn jedoch entschieden werden soll, ob eine Pflanze, die im Samenkorn fertig ausgebildet vorliegt, Leben habe, ob der Embryo im Ei vor der Bebrütung oder ein Ohnmächtiger ohne Sinnesempfindung und Bewegung am Leben sei oder nicht, dann ist leicht zu beobachten, daß mit der Anwendung eines so bekannten Wortes wie ›Leben‹ nicht immer auch eine klare, deutliche, feststehende Idee einhergeht.«[6] Für Locke liegt die Schwierigkeit also vor allem in der Bestimmung der Grenzen des Lebens: in seinen unklaren Anfängen im Samenkorn oder Ei, die sich heute bekanntlich in den Debatten um einen vorsätzlichen Schwangerschaftsabbruch fortsetzen, und seinem ungewissen Ende in einer empfindungs- und bewegungslosen Ohnmacht, die später im Zusammenhang mit der Feststellung des Hirntods Probleme aufwerfen sollte.

Doch bei der Antwort auf die Frage, was das Leben ist, geht es auch um Fragen anderer Natur, die mit der außergewöhnlichen Vieldeutigkeit des Substantivs selbst zusammenhängen. Es bezeichnet nämlich ebenso eine Eigenschaft organischer Wesen wie miteinander verbundene biologische Phänomene, die Zeit, die zwischen Geburt und Tod verstreicht, und eine Vielzahl von verschiedenartigen Ereignissen, die diesen Zeitraum ausfüllen, ganz zu schweigen von der metonymischen oder metaphorischen Verwendung des Wortes, wenn man vom Leben berühmter Männer oder vom Leben der Gegenstände spricht. Handelt es sich in allen Fällen um dieselbe Sache? Ist das Leben eines Menschen von der gleichen Ordnung wie das Leben der Zellen, aus denen er besteht? Der gesunde Menschenverstand stört sich an solchen komplizierten Fragen zwar kaum, weil jeder ungefähr versteht, was Ausdrücke wie Lebenswissenschaften, Lebenserwartung, Lebenshaltungskosten, Leben auf dem Lande oder geistiges Leben im weitesten Sinne bedeuten, in denen das Wort offenkundig jedes Mal einen

6 John Locke, *Versuch über den menschlichen Verstand*, Bd. II: Buch III und IV (Aus dem Englischen von C. Winckler), Hamburg: Meiner Verlag, 1988, III. Buch, X. Kapitel, Abschn. 22, S. 137f., englische Erstausgabe 1689.

anderen Sinn hat. Für die Philosophen gilt das aber nicht: Sie scheinen vor einer Sackgasse zu stehen, wenn sie versuchen, die Vorstellungen vom Leben zum Beispiel eines Biologen und eines Romanciers zusammenzudenken.

Über diese Schwierigkeit ist sich auch Georges Canguilhem im Klaren, wenn er schreibt: »Vielleicht ist es sogar noch heute unmöglich, die grundlegende Vorstellung zu überwinden, dass alles Leben Gegenstand biologischen Wissens und in der Erfahrung gegeben ist, und dass man seine Geschichte von seiner Geburt bis zu seinem Tod beschreiben kann.«[7] Die Definition wirkt simpel und doch vereint sie bemerkenswert heterogene Bestandteile, die auf ein semantisches Spannungsverhältnis hinweisen. Wissen und Erfahrung, Biologie und Geschichte: Das ist der große, für das Leben charakteristische Dualismus. Dass es sich dabei um einen scheinbaren Dualismus handelt, hat schon Hannah Arendt festgestellt: »Dies Leben ist durch Anfang und Ende begrenzt, es vollzieht sich zwischen zwei Grundereignissen, seinem Erscheinen in der Welt und seinem Verschwinden aus ihr, und folgt einer eindeutig gradlinig bestimmten Bewegung, wiewohl diese Bewegung ihrerseits noch einmal von der Triebkraft des biologischen Lebensprozesses gespeist wird, dessen Bewegung im Kreise verläuft. Das Hauptmerkmal des menschlichen Lebens, dessen Erscheinen und Verschwinden weltliche Ereignisse sind, besteht darin, daß es selbst aus Ereignissen sich gleichsam zusammensetzt, die am Ende als eine Geschichte erzählt werden können, die Lebensgeschichte, die […] Bio-

7 Georges Canguilhem, »Vie« (1990), in: *Encyclopaedia Universalis*, Bd. 23, Paris, 3. Aufl., 1996.

graphie.«[8] Natürlicher Lebenskreislauf und weltliche Ereignisse, Biologie und Biographie: Diese beiden Prozesse machen aus dem Leben jene Einheit, die in Bezug auf ihre materielle Dimension überdeterminiert und in Bezug auf ihren Ablauf gleichzeitig indeterminiert ist. Denn der eine bezieht den Menschen genauso wie die Tiere und die Pflanzen in den großen Komplex der Lebewesen mit ein, während der andere aus ihm ein außergewöhnliches Lebewesen macht, insofern er zu Bewusstsein und Sprache fähig ist.

Ist diese Alternative unhintergehbar? Lässt sich das Leben im Sinne der Biologie mit dem Leben im Sinne der Biographie zusammendenken? Diese Fragen haben die Philosophen zwei Jahrtausende lang beschäftigt. So haben sie das Leben nacheinander mit Aristoteles als belebte Materie, mit Descartes als Bewegungsmechanismus und mit Kant als sich selbst erhaltenden Organismus betrachtet. Von einer vitalistischen Vorstellung sind sie also zu einer mechanistischen Auffassung und dann schließlich zu einem organizistischen Ansatz übergegangen, jedes Mal mit einer anderen Trägersubstanz: erst Seele oder Atem, dann Körper und Körpersäfte, schließlich Organe und Umwelt. Trotz ihrer Unterschiedlichkeit ging es in all diesen Auffassungen in gewisser Weise gleichbleibend um die Frage nach dem Verhältnis von Lebendem und Menschlichem, der Infrastruktur des Ersteren und der Superstruktur des Letzteren. Vor allem bei Hegel »ist das Leben ein Übergangsbegriff, der den Bereich der Natur und den Bereich der Freiheit miteinander verbindet«, wie Thomas Khurana schreibt,[9]

8 Hannah Arendt, *Vita activa oder Vom tätigen Leben*, München: Piper Verlag, 1960, S. 89f., englische Erstausgabe 1958.

9 Thomas Khurana, »The Freedom of Life. An Introduction«, in:

denn auch wenn die biologischen Gegebenheiten ihm Schranken auferlegen, kann es durch einen Prozess der Selbstorganisation die Autonomie erzeugen, die für das Zustandekommen einer biographischen Entwicklung erforderlich ist.

Im Unterschied zu diesen Versuchen, die beiden Dimensionen des Lebens miteinander zu verbinden, hat sich die Gegensätzlichkeit seiner beiden Bedeutungen im Laufe des letzten Jahrhunderts und mehr noch in den letzten Jahrzehnten in einer Weise verhärtet, dass ihre Trennung unüberwindlich geworden zu sein scheint.

Was das Leben im biologischen Sinne anbelangt, hat das Studium des Lebendigen mit dem ungewöhnlichen Beitrag eines Theoretikers der Quantenmechanik, Erwin Schrödinger, eine andere Größenordnung angenommen und so eine neue Perspektive eröffnet.[10] Seither tritt der Physiker als Biologe auf, seine Analyse reicht bis auf die molekulare Ebene herab, methodisch macht er Anleihen bei der Thermodynamik und die Struktur des Atoms wird zu dem Code, dessen unzählige Kombinationen die Diversität der Lebewesen und die Entstehung von Ordnung aus dem entropischen Chaos ermöglichen. Die Entdeckung der Doppelhelix der DNA bestätigt einige Jahre später diese Theorie und legt darüber hinaus den Grundstein für ein neues Verständnis des Lebens, das von nun an auf Information und Replikation beruht – ein Verständnis, das ein halbes Jahrhundert da-

ders. (Hrsg.), *The Freedom of Life. Hegelian Perspectives*, Berlin: August Verlag, 2013, S. 11.

10 Erwin Schrödinger, *What is Life? The Physical Aspect of the Living Cell*, Cambridge: Cambridge University Press, 1944 ‹dt.: *Was ist Leben? Die lebende Zelle mit den Augen des Physikers betrachtet* (Aus dem Englischen von L. Mazurcak), München: Piper Verlag, 3. Aufl. 1999›.

nach durch die Entschlüsselung des menschlichen Genoms weiter verfeinert wird. Sogar die Epigenetik stellt dieses Paradigma nicht grundsätzlich in Frage, weil der Einfluss der Umwelt auf das genetische Erbgut, dem sie Rechnung tragen will, über molekulare Mechanismen erfolgt, die die Genexpression verändern. Als nunmehr integrale Bestandteile der Biologie bringen Biochemie und Biophysik mit anderen Worten Theorien hervor, die sich auf eine immer weiter vorangetriebene Molekularisierung des Lebens stützen, auch wenn sie bei mikrobiellen Populationen systematische Ansätze auf einem höheren Komplexitätsniveau nicht ausschließen.[11] Parallel dazu interessieren sich die Arbeiten über den Ursprung des Lebens für die Entstehung des Lebens auf der Erde im Präkambrium und gleichzeitig für mögliche Anzeichen von Leben an anderen Orten des Universums. Zu diesem Zweck bemühen sie sich zu verstehen, wie leblose Moleküle sich in organische, replikationsfähige Moleküle verwandeln konnten, sodass sich Nukleinsäuren bildeten, und sie versuchen, auf der Grundlage lebender irdischer Organismen Spektren-Datenbanken aufzubauen. Zum einen sind die Mikrobiologen auf der Suche nach LUCA (»last universal common ancestor«), dem Urvorfahren aller Zellen, und nach den Umweltbedingungen, die seine Verwandlung begünstigt haben. Zum anderen fahnden die Astrobiologen nach »gasförmigen potentiellen Biosignaturen«, die das Vorhandensein von Leben auf Planeten außerhalb unseres Sonnensystems beweisen.[12] In beiden Fällen trifft sich

11 Paul Rabinow/Carol Caduff, »Life – After Canguilhem«, in: *Theory, Culture & Society*, 2006, 23 (2/3), S. 329-331.

12 Madeline Weiss et al., »The Physiology and Habitat of the Last Universal Common«, in: *Nature Microbiology*, 1, 25. Juli 2016,

die Wissenschaft mit dem Imaginären von Männern und Frauen, und die Aussicht, den letzten Ursprung des Lebens oder Anzeichen außerirdischen Lebens zu entdecken – und sei es in Gestalt von Molekülen und nicht von erkennbaren Wesen –, bringt die Menschen zum Träumen und treibt die Forschungsetats in die Höhe. Insgesamt lässt sich an der Erkundung des Lebens als biologischem Phänomen beobachten, dass durch den Übergang vom Spekulativen zum Experimentellen, vom Makroskopischen zum Mikroskopischen und von den Körpern zu den Molekülen das Verständnis des Lebens immer weiter auf seine materielle Grundeinheit – eine Ansammlung von Atomen – eingeschränkt worden ist und gleichzeitig räumlich und zeitlich auf spektakuläre Weise ausgeweitet wurde: Der Mensch löst sich dabei in einem raumzeitlichen Netz molekularer Bestandteile auf, die vor mehreren Milliarden Jahren entstanden sind und die es möglicherweise auch an anderen Orten im Universum gibt.

Was das Leben im Sinne der Biographie anbelangt, so verläuft seine Geschichte ganz anders, zusammenhangloser, weniger kumulativ. Gleichwohl ist es möglich, einige Stationen dieser Geschichte – besonders im Zusammenhang mit dem Aufkommen des Romans in der Literatur – und einige ihrer Merkmale, vor allem im Zusammenhang mit der immer bangeren Frage auszumachen, wie man das Leben aufschreiben soll. Zum einen, und das gab es bis dahin nicht, macht der Roman, so wie er sich ab dem 18. Jahrhundert entwickelt, aus dem Le-

doi:10.1038/nmicrobiol.2016.116; Sara Seager et al., »Toward a List of Molecules as Potential Biosignature Gases for the Search of Life on Exoplanets and Applications to Terrestrial Biochemistry«, in: *Astrobiology,* 2016, 16 (6), S. 465-485.

ben nicht nur ein interessantes Thema (*sujet*), sondern auch einen eigenständigen Gegenstand (*objet*), wie Heather Keenleyside über *Tristram Shandy* gesagt hat.[13] Er erhöht das Leben zu einer mehr oder weniger linearen Abfolge von Ereignissen, anhand derer sich die subjektiven Charakterzüge der Figuren herausbilden – ob man dabei nun an Jane Austens Sittenroman denkt, an Goethes Bildungsroman oder kurz darauf an die großen Romanprojekte von Balzac und Zola, die anhand der Lebensgeschichten der Figuren die Gesellschaft einer ganzen Epoche rekonstruieren. In ihrer vollendetsten und zugleich radikalsten literarischen Ausdrucksform wird die autobiographische Erzählung bei Marcel Proust zum Leben selbst, das durch die kreative Arbeit des Schreibens an Größe gewinnt und das er das wahre Leben nennt, dessen Kenntnis wir vor lauter Konventionen und Gewohnheiten vielleicht bis zu unserem Tod versäumen.[14] Zum anderen räumen die Sozialwissenschaften der Lebensgeschichte neben den großen theoretischen und methodologischen Darlegungen ihrer Gründerväter von Anfang an einen bedeutenden Platz ein, ob es sich nun um William Thomas' und Florian Znanieckis Rekonstruktion des Werdegangs eines polnischen Bauern handelt oder um Oscar Lewis' Schilderung der Geschichte einer

13 Heather Keenleyside, »The First-Person Form of Life. Locke, Sterne, and the Autobiographical Animal«, in: *Critical Inquiry*, 2012, 39, S. 116-141.

14 Marcel Proust, *Le Temps retrouvé* (1927), in: ders., *À la recherche du temps perdu*, Bd. 3, Paris: Gallimard, 1954, S. 895 ⟨dt.: *Die wiedergefundene Zeit* (1957), in: ders., *Auf der Suche nach der verlorenen Zeit* (Aus dem Französischen von Eva Rechel-Mertens), Bd. 3, Frankfurt am Main: Suhrkamp Verlag, 3. Aufl. 1989, S. 3985⟩.

mexikanischen Familie.[15] Seit den 1980er Jahren hat aber vor allem das Zusammenspiel der Reaktionen auf den Strukturalismus, auf die feministische Kritik und auf die *Postcolonial Studies* besonders in der Anthropologie zur Forderung nach Anerkennung der Individuen, ihrer Geschichte, ihrer Wahrheit und ihrer Worte geführt.[16] Der *narrative turn* ist auch eine subjektivistische Wende. Man soll nicht länger im Namen der Subalternen sprechen, sondern ihre Stimme zu Gehör bringen, was im Einzelnen vor allem für den Historiker mit der Schwierigkeit verbunden ist, dass ihre Leben oftmals vergangen sind, ohne große Spuren in den Archiven zu hinterlassen.[17] Mit einigen Jahrzehnten Abstand beginnen sich jedoch auf Seiten der Literatur ebenso wie auf Seiten der Sozialwissenschaften Zweifel an der Lebensgeschichte und ihrer Gleichsetzung mit dem Leben bemerkbar zu machen, wie anhand der Dekonstruktion der narrativen Form bei Samuel Beckett und der Infragestellung der biographischen Illusion bei Pierre Bourdieu deutlich wurde.[18] Als kohärente Form gerät das Leben unter Verdacht.

15 William Thomas/Florian Znaniecki, *Le Paysan polonais en Europe et en Amérique. Récit de vie d'un migrant* (Aus dem Englischen von Yves Gaudillat), Paris: Nathan, 1998, englische Erstausgabe in 5 Bdn. 1918-1920; Oscar Lewis, *Die Kinder von Sánchez. Selbstporträt einer mexikanischen Familie* (Aus dem Englischen von Margarete Bormann) (1963), Göttingen: Lamuv-Verlag, 6. Aufl. 1992, englische Erstausgabe 1961.

16 Gelya Frank, »Anthropology and Individual Lives. The Story of the Life History and the History of Life Stories«, in: *American Anthropologist,* 1995, 97 (1), S. 145-148.

17 Saidiya Hartman, »Venus in Two Acts«, in: *Small Axe,* 2008, 12 (2), S. 1-14; David Kazanjian, »Two Paths Through Slavery's Archives«, in: *History of the Present,* 2016, 6 (2), S. 133-145.

18 Samuel Beckett, *Molloy,* Paris: Éditions de Minuit, 1951 ⟨dt.: *Molloy. Roman* (Aus dem Französischen von Erich Franzen) (1954),

Zwei Lebenslinien also. Weniger um der Ordnung willen als im Bemühen um Klarheit kann man die erste naturalistisch nennen und die zweite humanistisch. Ich habe versucht, ihre Entwicklungsschritte kursorisch zu beschreiben, weil ich das Vorhandensein zweier, zumindest auf den ersten Blick immer unversöhnlicherer Stränge hervorheben wollte. Das Leben, das der Physikobiologe untersucht, hat mit dem Leben, das der Romancier sich ausmalt, nichts mehr zu tun, auch wenn manche Romanciers biologische Elemente in ihr Erzählgerüst einbauen und manche Biologen sich mit durchwachsenem Erfolg am Schreiben von Romanen versuchen. Die Objekte, mit denen es die Astrobiologen zu tun haben, nämlich Moleküle, die auf das Vorhandensein von Leben hinweisen, beziehen sich kaum noch auf die Subjekte, denen die Soziologen begegnen, nämlich die Individuen, die Ereignisse aus ihrem Leben erzählen, auch wenn im ersten Fall die Suche nach dem Vorhandensein von Leben und die Suche nach dem Vorhandensein von nichtmenschlicher Intelligenz nicht völlig ohne Bezug aufeinander sind, und im zweiten Fall die Soziologen aus dem Labor der Lebenswissenschaften ein Forschungsgebiet machen können. Doch damit hat man sich weit von den Entwürfen eines Aristoteles, Descartes, Kant oder Hegel entfernt. Man kann im Übrigen die philosophische Haltung von Hannah Arendt und Giorgio Agamben, die zwischen *zoe* und *bios*, das heißt zwischen

Frankfurt am Main: Suhrkamp Verlag, 2001⟩; Pierre Bourdieu, »L'illusion biographique«, in: *Actes de la Recherche en Sciences Sociales,* 1986, 62 (1), S. 69-72 ⟨dt.: »Die biographische Illusion«, in: ders., *Praktische Vernunft. Zur Theorie des Handelns* (Aus dem Französischen von Hella Beister), Frankfurt am Main: Suhrkamp Verlag, 1998, S. 75-82⟩.

dem einfachen Lebendigsein und dem Reichtum eines erfüllten Lebens, eine radikale Unterscheidung vornehmen, als eine Art und Weise interpretieren, die politische Unmöglichkeit, ja sogar Gefährlichkeit zu Protokoll zu geben, die mit der Zusammenführung beider Lebenslinien unter ein und derselben Bezeichnung und nach ein und derselben Logik verbunden ist.[19] Beide sehen es nämlich als tödliches Risiko für die Gegenwart an, dass Erstere die Letztere immer weiter in den Hintergrund drängt.

Auch der wahrscheinlich letzte Versuch, eine Philosophie zu entwerfen, die beide Dimensionen des Lebens einbezieht, nämlich die deutsche Lebensphilosophie* zu Beginn des 20. Jahrhunderts, war, wie man sagen muss,

19 Hannah Arendt, *Vita activa oder Vom tätigen Leben*, a.a.O.; Giorgio Agamben, *Homo sacer. L'intégrale 1997-2015*, Paris: Seuil, 2016 ⟨dt. bisher in folgenden Einzelbänden: *Homo sacer. Die souveräne Macht und das nackte Leben* (Aus dem Italienischen von Hubert Thüring), Suhrkamp Verlag: Frankfurt am Main, 2002, italienische Erstausgabe 1995; *Ausnahmezustand* (Aus dem Italienischen von Ulrich Müller-Schöll), Frankfurt am Main: Suhrkamp Verlag, 2004; *Herrschaft und Herrlichkeit. Zur theologischen Genealogie von Ökonomie und Regierung* (Aus dem Italienischen von Andreas Hiepko), Berlin: Suhrkamp Verlag, 2010; *Das Sakrament der Sprache. Eine Archäologie des Eides* (Aus dem Italienischen von Stefanie Günthner), Berlin: Suhrkamp Verlag, 2010; *Opus Dei. Archäologie des Amts* (Aus dem Italienischen von Michael Hack), Frankfurt am Main: S. Fischer Verlag, 2013; *Was von Auschwitz bleibt. Das Archiv und der Zeuge* (Aus dem Italienischen von Stefan Monhardt), Frankfurt am Main: Suhrkamp Verlag, 2003; *Höchste Armut. Ordensregeln und Lebensform* (Aus dem Italienischen von Andreas Hiepko), Frankfurt am Main: S. Fischer Verlag, 2012; *Stasis. Der Bürgerkrieg als politisches Paradigma* (Aus dem Italienischen von Michael Hack), Frankfurt am Main: S. Fischer Verlag, 2016⟩.

* Im Original deutsch.

epistemologisch und ethisch nicht unproblematisch.[20] Dieses von Ludwig Klages und Alfred Baeumler propagierte Denken, das aus Diltheys Hermeneutik des Lebens erwuchs und von Nietzsches Vitalismus ebenso beeinflusst war wie von Bachofens Evolutionismus, ging aus der seltsamen Verquickung einer ästhetischen Überhöhung von irrationalen Lebenskräften mit einem pädagogischen Belehrungswillen in Bezug auf das gute Leben hervor. Obwohl es auf deutsche Intellektuelle, zu denen auch Walter Benjamin gehörte, eine gewisse Faszination ausübte, hat es auch die Rassenpolitik der Nationalsozialisten beeinflusst und genährt, zumal einigen seiner Verfechter vom NS-Regime wichtige institutionelle Positionen angeboten wurden. Es ist übrigens ganz klar diese »Lebensphilosophie«, die Adorno am Anfang seiner *Minima Moralia* so heftig angreift: Er bezeichnet sie als Ideologie, der das wahre Leben entgeht. In dieser anti-intellektuellen und anti-modernen Lesart sollte man also die Versöhnung des Lebens als natürliche Tatsache mit dem Leben als Erfahrungstatsache nicht suchen.

*

Ist eine Anthropologie des Lebens vor einem solchen Hintergrund überhaupt vorstellbar oder auch nur wünschenswert? Man muss an dieser Stelle von einem Paradox ausgehen: Obwohl die Anthropologen sich immer für das Leben ihrer Gesprächspartner interessiert haben – sowohl was ihre Lebensweise als auch was ihre Lebensgeschichte anbelangt –, haben sie daraus nur selten

20 Nitzan Lebovic, »The Beauty and Terror of *Lebensphilosophie*. Ludwig Klages, Walter Benjamin, and Alfred Baeumler«, in: *South Central Review*, 2006, 23 (1), S. 23-39.

einen spezifischen Forschungsgegenstand eigenen Rechts gemacht. Diese von ihnen synchron anhand der Kultur, in denen sie abliefen, oder diachron anhand der Geschichten, die sie nachzeichneten, untersuchten Leben haben ihnen als empirisches Material für die Analyse der Verwandtschaft, der Mythologie, der Gesellschaftsstrukturen, der religiösen Verhältnisse und der politischen Institutionen gedient. Noch bei so leibhaftigen Erscheinungsformen wie Biographien ging es vor allem darum, Lebenswege, Situationen und Emotionen zu verstehen. Das Leben als solches wurde nur selten in der gleichen Weise wie die anderen grundlegenden Kategorien ihres Fachs als Erkenntnisgegenstand aufgefasst. Es stellte eine Art Vehikel oder Vermittlungsinstanz dar, welche die Begriffe und Gegebenheiten zugänglich machte, die für die Beschreibung und Interpretation von Gesellschaften als wichtiger und einschlägiger erachtet wurden.

Im Laufe der letzten Jahrzehnte haben einige Anthropologen nun aber damit begonnen, aus dem Leben einen Gegenstand zu machen, und zwar hauptsächlich in den beiden bereits erwähnten Formen: naturalistisch und humanistisch. Im Rahmen des umfassenden Forschungskomplexes, der zurückgeht auf das, was man gemeinhin *Social studies of science* nennt, hat man sich zum einen dem Leben zugewandt, das die Forscher in den biologischen, physikalischen und sogar informatischen Wissenschaften untersuchen, mit anderen Worten dem Leben als lebende Materie. Auf diese Weise haben Anthropologen die Erkenntnisse, Praktiken und Gegenstände der Lebenswissenschaften analysiert und sich dabei unter anderem für Genomik und Epigenetik, für Stammzellen und Zelltod, für Erbkrankheiten und Regenerationsmedizin sowie für die Entwicklung künstlicher Intelligenz und die kriminologische Nutzung der Neurowissenschaften interessiert.[21] So haben die Anthropologen sich bemüht, den fortschrittlichsten Teil der Forschungen über die verschiedenen Erscheinungsformen des Lebens zu verstehen und zu interpretieren. Zum anderen haben sich in dem Bereich, der traditionell eher als sozialanthropologisch oder kulturanthropologisch bezeichnet wird, immer mehr Monographien auf der Grundlage gewöhnlichen Daseinserlebens in ganz unterschiedlichen, aber oftmals von den Härten der Armut, der Krankheit und des Unglücks gezeichneten geographischen Kontexten mit dem Leben von Menschen befasst. In diesen Untersuchungen ging es um den Tod von Kindern in den brasilianischen Favelas und um die Elendsgebiete im ländlichen Indien, um die bittere Armut der Ayoreo-Indianer in Paraguay und um den Selbstmord der Inuit in Nordkanada, um das Gefühl von Mangel im Gefolge des Bürgerkriegs in Sierra Leone und um die Nöte verletzter Kriegsteilnehmer, die von der Front in die Vereinigten Staaten zurückkehren.[22] In diesen Studien tritt

21 Sarah Franklin/Margaret Lock (Hrsg.), *Remaking Life and Death. Toward an Anthropology of the Biosciences,* Santa Fe: School of American Research Press, 2003; Paul Rabinow, *French DNA. Trouble in Purgatory,* Chicago: The University of Chicago Press, 1999; Duana Fullwiley, *The Enculturated Gene. Sickle Cell Health Politics and Biological Difference in West Africa*, Princeton: Princeton University Press, 2011; Stefan Helmreich, *Silicon Second Nature. Culturing Artificial Life in a Digital World,* Berkeley: University of California Press, 1998; Nikolas Rose, *The Politics of Life Itself. Biomedicine, Power, and Subjectivity in the Twenty-First Century,* Princeton: Princeton University Press, 2007.

22 Nancy Scheper-Hughes, *Death Without Weeping. The Violence of Everyday Life in Brazil,* Berkeley: University of California Press, 1992; Bhrigupati Singh, *Poverty and the Quest for Life. Spiritual*

das Leben in der Regel nicht nur in seiner subjektiven Dimension in Erscheinung, so wie diese Männer und Frauen es erleben, sondern auch unter den objektiven Bedingungen, die dazu beitragen, wie die Gesellschaft es bestimmt und mit ihm umgeht. Mit Ausnahme einiger Versuche, den naturalistischen und den humanistischen Ansatz miteinander zu verbinden – vor allem in der Medizinanthropologie, wo die Krankheit an dem Punkt angesiedelt ist, an dem sich Biologie und Biographie begegnen[23] –, sind die beiden Lebenslinien also in den anthropologischen Arbeiten weitestgehend parallel zueinander entwickelt worden.

Diese Ansätze sind gleichwohl nicht als Anthropologien des Lebens als solchem angelegt, sondern eher als Anthropologien der Lebenswissenschaften beziehungsweise der Lebenserfahrungen. Bei mehreren neueren Vorhaben ist das anders. Das erste ist ein phänomenologisches Projekt. Gegen eine Anthropologie, die davon ausgeht, dass das Leben einen Anfang und ein Ende hat,

and Material Striving in Rural India, Chicago: The University of Chicago Press, 2015; Lucas Bessire, *Behold the Black Caiman. A Chronicle of Ayoreo Life,* Chicago: The University of Chicago Press, 2014; Lisa Stevenson, *Life Besides Itself. Imagining Care in the Canadian Arctic,* Berkeley: University of California Press, 2014; Michael Jackson, *Life Within Limits. Well-Being in a World of Want,* Durham: Duke University Press, 2011; Zoë Wool, *After War. The Weight of Life at Walter Reid,* Durham: Duke University Press, 2015.

23 Joëlle Vailly/Janina Kehr/Jörg Niewöhner, *De la vie biologique à la vie sociale. Approches sociologiques et anthropologiques,* Paris: La Découverte, 2011; Marcia Inhorn/Emily Wentzell (Hrsg.), *Medical Anthropology at the Intersections. Histories, Activisms, and Futures,* Durham: Duke University Press, 2012; João Biehl/Adriana Petryna (Hrsg.), *When People Come First. Critical Studies in Global Health,* Princeton: Princeton University Press, 2013.

behauptet Tim Ingold, es sei möglich, »die Anthropologie zu beleben«, wenn man »das Leben als Öffnungs- und nicht als Schließungsbewegung« betrachtet, sprich: wenn es nicht abbricht, sondern weitergeht.[24] Die Menschen sind die Produzenten ihres Lebens und infolgedessen sind sie auch die Urheber der Geschichte, die wiederum in den Evolutionsprozess eingebettet ist. Man muss sich also das Leben als Linie bzw. als ein Bündel von Linien vorstellen, die sich in jene unterschiedlichen Zeitskalen einschreiben, an denen die Lebewesen sozusagen entlangreisen. Die Aufgabe der Anthropologie bestände dann darin, diesen Primat der Bewegung zu berücksichtigen, das heißt den Primat der Art und Weise, wie Menschen die Welt wahrnehmen, Verbindung zu ihrer Umwelt aufnehmen, Gegenstände anfertigen und Erzählungen kreieren, laufen, atmen und denken. Das zweite ist ein ontologisches Projekt. Entgegen dem, was die Etymologie des Wortes, mit dem das Fach bezeichnet wird, nahelegt, schlägt Eduardo Kohn eine »Anthropologie jenseits des Menschen« vor, das heißt eine Form von radikaler Dezentrierung der humanistischen Perspektive, auf deren Grundlage die Behauptung möglich ist, dass im Amazonas-Becken, wo er seine Untersuchungen durchführt, »die Hunde träumen« und »die Wälder denken«.[25] Genauso wenig wie davon die Rede sein könne, dass die Menschen in der Welt einen besonderen

24 Tim Ingold, »Footprints Through the Weather-World. Walking, Breathing, Knowing«, in: *Journal of the Royal Anthropological Institute*, 2010, 16 (1), S. S121-S139; und ders., *Being Alive. Essays on Movement, Knowledge and Description*, London: Routledge, 2011.

25 Eduardo Kohn, »How Dogs Dream. Amazonian natures and the Politics of Transspecies Engagement«, in: *American Ethnologist*, 2007, 34 (1), S. 3-24; und ders., *How Forests Think. Toward an An-*

Platz einnehmen, könne nämlich davon die Rede sein, die Welt anhand der Vorstellungen zu verstehen, die sich die Menschen von ihr machen. Eine solche »Anthropologie des Lebens« setzt voraus, dass alle Lebewesen, ob sie nun Teil des natürlichen Lebensraums oder sogar dem geistigen Bereich zuzuschlagen sind, gleichermaßen berücksichtigt werden, es wird mit anderen Worten anerkannt, dass sie mit Hilfe von Zeichen Beziehungen zueinander aufnehmen und über eine Fähigkeit zum Setzen von Zeichen verfügen, die unabhängig vom Menschen ist. Dabei handelt es sich nicht um eine ethische Vorannahme, wie Moralphilosophie und politische Ökologie sie formulieren, wenn sie für Tierrechte oder den Schutz des Planeten plädieren, sondern um eine epistemologische Aussage, aus der eine andere Wahrnehmungsweise der Welt spricht. Das dritte ist ein kulturalistisches Projekt. Mit seinem Vorschlag, »das Leben zum Gegenstand zu machen«, fordert Perig Pitrou die Anthropologen dazu auf, »zu untersuchen, wie die verschiedenen Völker sich die funktionalen Merkmale von Lebewesen vorstellen, aber auch, welche Ursachen sie solchen Phänomenen beilegen«, denn »jede Kultur verfügt über eine spezifische Art und Weise, die mit den Phänomenen des Lebens zusammenhängenden Elemente und Prozesse einzuordnen, ob diese nun in der menschlichen Person oder in der Umwelt in Erscheinung treten«.[26] Ganz konkret bestehe die Aufgabe darin, »die lokalen Vorstellungen von Wachstum, Reproduktion,

thropology Beyond the Human, Berkeley: University of California Press, 2013.

26 Perig Pitrou, »La vie, un objet pour l'anthropologie? Options méthodologiques et problèmes épistémologiques«, in: *L'Homme*, 2014, 212, S. 159-189.

Degeneration, Heilung und Anpassung auf systematische Weise zu untersuchen« und dabei das Leben »weder auf eine Substanz, die zwischen den Körpern zirkuliert, noch auf beobachtbare Merkmale oder Verhaltensweisen« zu reduzieren, sondern den »unterschwelligen Theorien« Interesse zu schenken, »die die Erzeugungsursachen dieser Phänomene nachvollziehbar machen«. Dieser Ansatz, der an die ethnowissenschaftliche Herangehensweise erinnert, könne in einem zweiten Schritt in ein »komparatistisches Unterfangen« übergehen, das der Frage nachgeht, wie das Leben in der westlichen Welt interpretiert wird. Offenbar läge es nahe, diese drei Projekte um das von Michel Foucault entwickelte biopolitische Paradigma zu ergänzen, aber wie wir sehen werden, ist Biopolitik keineswegs eine Politik des Lebens, wie man in Anbetracht der Etymologie der Bezeichnung vermuten könnte, sondern im Grunde ein Regieren von Bevölkerungen.

Wenn man sich also auf diese drei Projekte beschränkt, wird deutlich, dass sie abgesehen von ihrem gemeinsamen Ehrgeiz, eine Anthropologie des Lebens zu begründen, nicht nur von verschiedenen, sondern von unvereinbaren Theorien ausgehen. Vor allem aber, und das ist vielleicht noch problematischer, entgleitet ihnen trotz der originellen Perspektiven, die sie einnehmen, in unterschiedlichem Maße das, was die Eigentümlichkeit des menschlichen Lebens ausmacht, nämlich das Spannungsverhältnis von Biologie und Biographie, die Zugehörigkeit zu jeweils singulären sozialen Welten und kulturellen Universen. So schwankt das phänomenologische Projekt zwischen der Einschreibung des Lebens in die lange Evolutionskette und der abstrakten Beschreibung von Bewegungen, Formen und Räumen ohne jeden sozialen Kontext hin und her. Ebenso bezieht das ontologische Projekt alle Lebewesen in seine entschieden posthumanistische Weltsicht ein, verzichtet aber zugunsten einer reinen Semiotik auf eine historische und politische Analyse. Das kulturalistische Projekt befasst sich schließlich mit den lokalen Theorien, die die Erfassung der Phänomene des Lebens erlauben, gibt dabei aber Vorstellungen den Vorzug vor Praktiken und Begriffsapparaten den Vorrang vor moralischen Fragen. Ein auf die Schaffung einer Anthropologie des Lebens zielender Gesamtansatz scheint also zum Scheitern oder zumindest zum Verzicht auf das verurteilt zu sein, was man die Menschlichkeit des Lebens nennen könnte, das heißt auf die soziale, historische, politische und moralische Dimension des menschlichen Lebens, insofern es zugleich aus lebender Materie und gelebter Erfahrung hervorgeht. Möglicherweise hat eine ähnliche Bilanz Veena Das und Clara Han zur Schaffung eines eklektizistischen Textkorpus rund um das Thema des Lebens und des Sterbens bewogen, um »anthropologischen Erkundungen des Lebens sowie spezifischen und konkreten Weisen, wie es mit dem Tod zusammenhängt«, »eine Vielzahl von Wegen zu bahnen«, wie sie schreiben.[27] So versammelt ihr Band Beiträge über Biomedizin und Biopolitik, Schwangerschaft und Adoption, Leidensdruck und Selbstmord, Krankheit und Sterblichkeit, Ethik und Religion.

Einem solch reichhaltigen Mosaik ziehe ich gleichwohl ein bescheidenes Puzzle vor, dessen weniger zahlreiche Teile so lange aneinandergefügt und vervollständigt werden, bis sich ein kohärentes Bild ergibt. Entsprechend

27 Veena Das/Clara Han (Hrsg.), *Living and Dying in the Contemporary World. A Compendium*, Berkeley: University of California Press, 2016.

schreibt Georges Perec in der Einleitung zu *Das Leben. Gebrauchsanweisung* über diese »Kleinkunst«: »einzeln betrachtet hat der Baustein eines Puzzles keine Bedeutung«, doch »kaum ist es einem gelungen, ihn [...] mit einem seiner Nachbarn zu verbinden«, sind »die beiden auf wunderbare Weise miteinander vereinigten Bausteine [...] zu einer Einheit geworden«.[28] Eben dies nimmt der Romancier in Angriff, wenn er nach und nach die Leben der Bewohner des Gebäudes in der Pariser Rue Simon-Crubellier Nr. 11 rekonstruiert. Was dabei am Ende herauskommt, »ist keine Summe von Elementen«, sondern »eine Gesamtheit, das heißt eine Form, eine Struktur«; denn »es sind nicht die Elemente, die das Ganze bestimmen, sondern das Ganze bestimmt die Elemente« und »nur die zusammengefügten Teile erlangen die Eigenschaft der Lesbarkeit, bekommen einen Sinn«. Doch auch wenn es nun zu einer Einheit geworden ist, bewahrt das Puzzle die Erinnerung an seine plurale Dimension, die sich an den feinen Linien zwischen den Teilen erkennen lässt, aus denen es sich zusammensetzt. Der ungewöhnliche Untertitel dieses Buchs liefert den Schlüssel zu einer solchen Pluralität: »Romane«.

Um den komplexen Dimensionen des Lebens Rechnung zu tragen und sie dabei trotzdem mit einer gewissen Einheit zu versehen, schlage ich also vor, drei begriffliche Elemente zu analysieren und miteinander zu verknüpfen: die Formen des Lebens, die Ethik des Lebens und die Politik des Lebens. Jedes von ihnen gibt eine anthropologische Tatsache über das Leben preis.

28 Georges Perec, *La Vie mode d'emploi*, Paris: Hachette, 1978 ⟨dt.: *Das Leben. Gebrauchsanweisung. Romane* (Aus dem Französischen von Eugen Helmlé), Frankfurt am Main: Zweitausendeins, 6. Aufl. 2006, S. 11 f.⟩.

Jenseits der einander widersprechenden Interpretationen, die für sie vorgeschlagen worden sind, bringen die Lebensformen, deren Konturen Ludwig Wittgenstein umrissen hat, das Spannungsverhältnis ans Licht, das zwischen den spezifischen Daseinsweisen und der gemeinsamen Lage aller Menschen besteht: Die Erfahrung, die Flüchtlinge und Migranten machen, liefert ein tragisches Beispiel dafür. Im Gegensatz zu dem aus der griechischen Philosophie übernommenen Begriff des ethischen Lebens im Sinne von Sittlichkeit führt die Ethik des Lebens Walter Benjamins Überlegungen zur Sakralisierung des Lebens als höchstem Gut weiter: Das höchste Prinzip der humanitären Moral, das im Retten von Personen besteht, die durch Naturkatastrophen, Hungersnöte oder Kriege bedroht sind, stößt an dieser Stelle mit der umgekehrten, auf der Ehre beruhenden Logik zusammen, sich auf dem Schlachtfeld, bei einem Selbstmordattentat oder durch einen Hungerstreik für eine Sache zu opfern. Die Politik des Lebens greift schließlich eine glänzende, allerdings nie weiter ausgearbeitete Idee wieder auf, wenn sie den von Michel Foucault aufgebrachten Begriff der Biopolitik neu formuliert: Entgegen dem Dogma von der Heiligkeit des Lebens, durch das dessen Wert eigentlich unschätzbar sein soll, ist es möglich, eine monetäre Entsprechung für die menschliche Existenz zu finden, die zudem je nach Geschlecht, sozialer Klasse, Minderheitenzugehörigkeit und geographischer Herkunft der Individuen variiert. Wenn es also stimmt, was Perec vorbringt, dass nämlich das Ganze die Elemente bestimmt und nicht umgekehrt, dann geht der theoretische Rahmen, in den alle drei Begriffe sich einschreiben, auf Überlegungen zur Umgangsweise mit Menschenleben in den Gesellschaften der Gegenwart zurück. Diesen Überlegungen liegt ein Thema zugrunde:

die Ungleichheit. Wie sich zeigen wird, erlaubt es eine Verknüpfung der biologischen und der biographischen, der materiellen und der sozialen Dimension des Lebens, mit anderen Worten des naturalistischen und des humanistischen Ansatzes. Ich schlage also keine Anthropologie des Lebens vor, was mir ein unmögliches Projekt zu sein scheint, sondern eine anthropologische Komposition von drei Elementen, aus deren Ineinanderfügen sich wie beim Zusammensetzen eines Puzzles ein Bild ergibt: die Ungleichheit der Menschenleben.

Jeder der drei genannten Begriffe verfügt über eine relativ spezifische philosophische Genealogie. Und jeder von ihnen hat in den Sozialwissenschaften und vor allem in der Anthropologie eine mehr oder weniger getreue Aneignung erfahren. Meine Analyse reiht sich naturgemäß in die zweite Tradition ein, allerdings im beständigen Dialog mit den Philosophen, deren Werke mich über die Jahre begleitet haben. Ein solches transdisziplinäres Gespräch ist trotzdem ein heikles Unterfangen. Es kommt dabei leicht zu Missverständnissen, die ich gerne ohne Umschweife ansprechen möchte und auszuräumen hoffe.[29] Begriffe können nämlich nicht wortwörtlich, eins zu eins von einem Wissenstypus auf einen anderen übertragen werden. Eine solche Praxis, für die es unter den Anleihen bei der Philosophie, die die Sozialwissenschaften vorgenommen haben, genügend Beispiele gibt, führt in der Regel zur Verfälschung der empirischen Ergebnisse und zur Unfruchtbarkeit der theoretischen Betrachtung, was möglicherweise die

29 Didier Fassin, »The Parallel Lives of Philosophy and Anthropology«, in: Veena Das/Michael Jackson/Arthur Kleinman/Bhrigupati Singh (Hrsg.), *The Ground Between. Anthropologists Engage Philosophy*, Durham: Duke University Press, 2014, S. 50-70.

schlimmste Untreue gegenüber dem Original ist, die man begehen kann.

In dieser Hinsicht ist das Übersetzen von einem Fach in ein anderes kaum anders als das Übersetzen von einer Sprache in eine andere. Im letzteren Fall geht man in der Regel davon aus, dass die Kunst des Übersetzens einen gewissen Grad an dichterischer Freiheit, ja sogar literarischer Gewalt voraussetzt. Philip Lewis nennt das »traduction abusive«, eine missbräuchliche Übersetzung, deren wortwörtliche englische Entsprechung, *abusive translation*, übrigens, wie er ironisch anmerkt, eine Bedeutung hat, die der französischen Übersetzung relativ fern steht: nämlich die von Gewalt, die dem Sinn angetan wird.[30] Wenn also der Austausch zwischen Philosophie und Sozialwissenschaften fruchtbar werden soll, wie soll man dann der Alternative einer Wortwörtlichkeit, die die Begriffe verdinglicht, und einer Verfälschung, die sie verrät, entgehen? Der »hermeneutische Prozess« der Übersetzung, wie George Steiner ihn nennt, hat laut Steiner vier Dimensionen: das Vertrauen darauf, dass hier etwas die Mühe des Verstehens lohnt; den Angriff, der sich in einem auf Bemächtigung zielenden Eindringen und Einheimsen niederschlägt; die Eingemeindung, die eine mehr oder weniger vollständige Form von Anpassung an den neuen Kontext voraussetzt; und schließlich die Reziprozität, bei der etwas zurückgegeben wird, das Schändung und Verlust wieder wettmacht.[31] Ebenso wie in Bezug auf das literari-

30 Philip Lewis, »The Measure of Translation Effects«, in: Joseph Graham (Hrsg.), *Difference in Translation*, Ithaca: Cornell University Press, 1985, S. 31-62.

31 George Steiner, »The Hermeneutic Motion«, in: ders., *After Babel. Aspects of Language and Translation,* Oxford: Oxford Uni-

sche Werk, von dem bei diesem hermeneutischen Prozess die Rede ist, stellt das Verstehen und Aneignen einer philosophischen Theorie einen komplexen Vorgang dar, bei dem diese verschiedenen Dimensionen des Austausches auf dem Spiel stehen: eine einzigartige Form von Gabe und Gegengabe oder vielleicht sogar von Übertragung und Gegen-Übertragung, in der ein bestimmter Verrat den Respekt, den man dem Autor schuldet, möglicherweise am besten zum Ausdruck bringt.

In diesem Sinne möchte ich eine Neuinterpretation der Formen des Lebens vornehmen, das ethische Leben im Sinne von Sittlichkeit in eine Ethik des Lebens verwandeln und die Biopolitik durch eine Politik des Lebens ersetzen. Dabei werde ich mir gleichwohl jedes Mal die Zeit nehmen, diese Theorien wiederzugeben, bevor ich sie diskutiere und auf der Grundlage meiner empirischen Forschungen alternative oder ergänzende Deutungen entwickle. Bei diesen Forschungen stehen nämlich jedes Mal wieder Begriffe auf dem Prüfstand. Nachdem ich zwei Jahrzehnte lang eine Reihe von in der Hauptsache ethnographischen Untersuchungen im subsaharischen Afrika, in Lateinamerika und in Europa durchgeführt habe, werde ich mich aus Gründen der Kohärenz insbesondere auf die Parallelen zwischen Südafrika und Frankreich im Zusammenhang mit all den Situationen, Szenarien und Berichten stützen, aus denen sich die Fragen, die das Leben aufwirft, ablesen lassen. Ich werde aber auch andere Ansätze vor allem genealo-

versity Press, 1975, S. 296-303 (dt.: »Der hermeneutische Prozeß«, in: ders., *Nach Babel. Aspekte der Sprache und der Übersetzung* (Aus dem Englischen von Monika Plessner unter Mitwirkung von Henriette Beese), Frankfurt am Main: Suhrkamp Verlag, 1981, S. 312-390, hier S. 312ff.).

gischer, historiographischer, soziologischer und demographischer Natur heranziehen, weil ich der Ansicht bin, dass die Sozialwissenschaften aus der Gegenüberstellung und dem Aufeinandertreffen dieser verschiedenen Methoden ihre empirische Gültigkeit und ihre theoretische Einschlägigkeit beziehen.

Die ungenierte Anleihe bei philosophischen Begriffen und ihre Neuformulierung auf dem Prüfstein einer anthropologischen Deutung, wie ich sie in diesem Buch vorschlage, mögen zwar waghalsig wirken – aber sind sie nicht die symmetrische Entsprechung der heuristischen Operation, die die Frankfurter Schule seit beinahe einem Jahrhundert vornimmt, wenn sie soziologische Arbeiten zu einem integralen Bestandteil ihrer kritischen Theorie macht?

I
Formen des Lebens

> Das Leben bildet eine Oberfläche, die so tut, als ob sie so sein müßte, wie sie ist, aber unter ihrer Haut treiben und drängen die Dinge.
>
> Robert Musil, *Der Mann ohne Eigenschaften*, 1930

Hat das Leben Formen? Und wenn ja, wie lassen sie sich charakterisieren? Gibt es etwas, das menschliches Leben vom Leben anderer Tiere und von noch einfacheren Manifestationen des Lebens unterscheidet? Und wenn das der Fall ist, gibt es darüber hinaus signifikante Unterschiede zwischen Menschen, die nahelegen, dass es je nach kulturellem Hintergrund, sozialem Milieu und politischem Kontext mehrere verschiedene Arten des Menschseins geben könnte? Seit Aristoteles sind solche Fragen in der philosophischen Tradition immer wieder gestellt worden, aber in den letzten Jahrzehnten haben sie durch die Wiederentdeckung und Auslegung von Ludwig Wittgensteins etwas undurchsichtigem Ausdruck »Lebensform« eine neue Wendung genommen. Dieser Begriff hat in den Geistes- und Sozialwissenschaften sowohl in analytischer als auch in normativer Hinsicht eine beachtliche intellektuelle Produktivität entfacht. Obwohl seine Verwendung häufig als spezifisch für die Sprachphilosophie gilt, versteht man darunter nämlich im weiteren Sinne auch die Arten der Kopräsenz in der Welt. Doch je nach Disziplin variieren die Interpretationen der Bedeutung dieses Begriffs beträchtlich und können sich sogar widersprechen.

Anstatt diese komplexen Fragen abschließend zu klären, möchte ich sie eher in drei Schritten neu aufrollen. Zuerst werde ich mir die Debatte über Wittgensteins wenige Schriften noch einmal vornehmen, indem ich sie mit anderen Herangehensweisen an das Thema der Lebensformen vergleiche, über die seltener gesprochen wird, besonders die von Georges Canguilhem und die von Giorgio Agamben. Dann werde ich eine für die Gegenwart besonders signifikante Lebensform ethnographisch erkunden, nämlich die der Zwangsnomaden, ob man sie nun Flüchtlinge oder Migranten nennt, Asylsuchende oder Ausländer ohne gültige Papiere. Dabei werde ich mich auf die Untersuchungen stützen, die ich in den letzten zehn Jahren in Frankreich und Südafrika durchgeführt habe. Unter Berücksichtigung dieser theoretischen und empirischen Elemente werde ich abschließend eine Neufassung des Begriffs vorschlagen, die ihm ethische und politische Relevanz für die Gegenwart verleiht.

Doch das Schicksal von Menschen, die auf der Suche nach besseren und sichereren Lebensbedingungen über den Globus irren, ist alles andere als neu, und wenn man sie in einer Institution, deren Mitglieder Nazideutschland verlassen mussten, um der Verfolgung zu entgehen, und schließlich in den Vereinigten Staaten Zuflucht fanden, als Beispiel zur Veranschaulichung des Begriffs der Lebensformen heranzieht, dann hat das eine besondere Bedeutung. Bemerkenswerterweise hat sich nämlich gerade das Land, das vor acht Jahrzehnten jene Massendiaspora auslöste, kürzlich als das Land in der westlichen Welt erwiesen, das diejenigen, die vor den heutigen Konflikten und Tragödien im Nahen Osten, in Asien und in Afrika fliehen, mit den offensten Armen empfing. Das

Verhältnis, das zwischen diesen beiden Momenten und Erfahrungen besteht, gibt auf jeden Fall Anlass zum Nachdenken – und vielleicht zur Hoffnung.

*

Der letzte Text, den Michel Foucault vor seinem Tod für den Druck freigegeben hat, ist ein Aufsatz mit dem Titel »Das Leben: Die Erfahrung und die Wissenschaft«.[1] Dabei handelt es sich um eine überarbeitete Fassung der Einleitung zur englischen Ausgabe von *Das Normale und das Pathologische*, die in einem seinem verstorbenen Lehrer Georges Canguilhem gewidmeten Sonderheft einer Zeitschrift erschienen ist. In seinem Abriss der Geschichte der modernen französischen Philosophie macht Foucault eine »Trennungslinie« aus, die quer zu allen anderen theoretischen Unterschieden verläuft: »Es ist die zwischen einer Philosophie der Erfahrung, des Sinns, des Subjekts und einer Philosophie des Wissens, der Rationalität und des Begriffs. Auf der einen Seite die Linie von Sartre und Merleau-Ponty und auf der anderen dann die von Cavaillès, Bachelard, Koyré und Canguilhem. Gewiss reicht diese Spaltung weiter zurück, man könnte ihre Spur durch das 19. Jahrhundert zurückverfolgen: Bergson und Poincaré, Lachelier und Couturat, Maine de Biran und Comte.« Das Paradox, merkt Foucault an, bestehe darin, dass die Wissenschaftsphilosophen, obwohl sie »theoretischer« sind und

1 Michel Foucault, »Das Leben: Die Erfahrung und die Wissenschaft« (Aus dem Französischen von Hermann Kocyba), in: ders., *Schriften in vier Bänden. Dits et Écrits,* Bd. IV, Frankfurt am Main: Suhrkamp, 2005, S. 943-959, französische Erstveröffentlichung 1985.

deshalb den weltlichen Dingen angeblich am fernsten stehen, am unmittelbarsten in die größten Krisen ihrer Zeit verwickelt gewesen seien, von den Widerstandskämpfern im Zweiten Weltkrieg bis zu den politischen Aktivisten des Mai 1968, »als ob die Frage der Begründung der Rationalität nicht getrennt werden könnte von der Untersuchung der aktuellen Bedingungen ihrer Existenz«. Erstaunlicherweise behauptet er: »Wollte man außerhalb Frankreichs nach etwas suchen, was der Arbeit von Cavaillès, von Koyré und Bachelard und von Canguilhem entspricht, so würde man es zweifellos bei der Frankfurter Schule finden.« Jenseits der unterschiedlichen Stile, Arbeitsweisen und Untersuchungsfelder liegt der Grund für diese intellektuelle Nähe Foucault zufolge darin, dass es in beiden Fällen um eine Rationalität gehe, »die universell zu sein beansprucht und sich doch in der Kontingenz entfaltet« und »deren strukturelle Autonomie mit der Geschichte von Dogmatismen und Despotismen verknüpft ist«, mit anderen Worten um eine Rationalität, »die dann einen Befreiungseffekt besitzt, wenn es ihr gelingt, sich von sich selbst zu befreien«. Der Vergleich ist gewagt, und über die Argumentation kann man streiten, aber auf keinen Fall sollte man einen Text auf die leichte Schulter nehmen, den Foucault auf der Schwelle zum Tod geschrieben hat und der am Ende dem »Begriff des Lebens näher zu kommen« versucht.

Es steht außer Frage, dass das Leben der Leitfaden von Canguilhems intellektuellen Bemühungen gewesen ist, doch bezieht sich dies im Wesentlichen auf Biologie und Erkenntnis. Zwei seiner wichtigsten Aufsatzsammlungen widmen sich der »Erkenntnis des Lebens«.[2] In

2 Georges Canguilhem, *Die Erkenntnis des Lebens* (Aus dem Französischen von Till Bardoux, Maria Muhle und Francesca Rai-

der Einleitung zum ersten Band schreibt Canguilhem: »Man genießt nicht die Gesetze der Natur, sondern die Natur, nicht Zahlen, sondern Qualitäten, nicht Relationen, sondern Wesen. Letzten Endes lebt man nicht vom Wissen.« Deshalb muss es einen höheren Grund für Erkenntnis in Bezug auf das Leben und eine spezifische Art und Weise geben, Erkenntnis und Leben miteinander in Einklang zu bringen: »Erkenntnis [...] nimmt [...] die Erfahrung des Lebens auseinander [*défait*] um daraus, durch die Analyse des Scheiterns, Gründe zur Vorsicht [...] und eventuell Gesetze für den Erfolg zu abstrahieren und somit dem Menschen bei der Neueinrichtung [*refaire*] dessen zu helfen, was das Leben ohne ihn, in ihm oder außerhalb seiner gemacht [*fait*] hat.« Menschen stellen einen Unfall bei der Entwicklung des Lebens dar – aber einen signifikanten Unfall. In einem Kapital des zweiten Buchs verlagert sich Canguilhems Analyse und Sprache leicht: Jetzt spricht er von »den Verbindungen zwischen Begriff und Leben«. Zur Charakterisierung des Letzteren nimmt er die berühmte Unterscheidung zweier Dimensionen vor, die zum Ausdruck kommen in den beiden grammatischen Formen »des Partizip Präsens und des Partizip Perfekt des Verbs ›leben‹: das Lebende und das Gelebte«. Der erste Terminus entspricht »der allgemeinen Organisation der Materie« und der zweite »der Erfahrung eines Einzelwesens«. Doch Canguilhem nimmt eine deutliche Hierarchisierung zwischen den beiden vor, da das Gelebte vom Le-

mondi), Berlin: August Verlag, 2009, bes. S. 15ff., französische Erstausgabe 1952; Georges Canguilhem, »La nouvelle connaissance de la vie«, in: ders., *Études d'histoire et de philosophie des sciences concernant les vivants et la vie* (1966), Paris: Vrin, 1994, S. 335-364.

benden »beherrscht« werde, das »grundlegender« sei. Ohne die materielle Struktur des Lebenden gäbe es keine gelebte Erfahrung. Darin lässt sich der Versuch einer Versöhnung der beiden Traditionslinien der französischen Philosophie gemäß Foucault – Erfahrung und Begriff – erkennen, insofern Canguilhem letzterem dadurch eine spezifische Wendung gibt, dass er eine Verbindung zwischen ihm und der lebenden Materie herstellt, die nicht überraschend ist: »Haben die Theorie des Begriffs und die Theorie des Lebens nicht dasselbe Alter und denselben Urheber?«, schreibt er unter Hinweis auf Aristoteles. Für den französischen Philosophen besteht der Dualismus der Lebensformen – der lebenden Materie und der gelebten Erfahrung – letztendlich im Spannungsverhältnis zwischen oder vielleicht besser gesagt in der Dialektik der gewöhnlichen biologischen Struktur und der einzigartigen subjektiven Existenz – einer Dialektik, die wahrscheinlich den Kern aller aktuellen Überlegungen zu den Formen des Lebens bildet.

Der Autor, dessen Verwendung dieses Ausdrucks die substantiellste Debatte veranlasst hat, ist jedoch zweifellos Wittgenstein. Paradoxerweise kommt die Vokabel in seinen *Philosophischen Untersuchungen* aber bekanntlich nur fünf Mal vor und wird an keiner Stelle vollständig zu einem kohärenten Begriff ausgearbeitet.[3] Die dortigen Erwähnungen der »Lebensform« sind nicht nur knapp und flüchtig, sondern auch mehrdeutig und ha-

3 Ludwig Wittgenstein, *Philosophische Untersuchungen/Philosophical Investigations* (1953) (zweisprachige Ausgabe, übersetzt von G. E. M. Anscombe, durchgesehene 4. Aufl. von P. M. S. Hacker und Joachim Schulte), Malden: Wiley-Blackwell, 2009, bes. Nr. 19 (S. 11), Nr. 23 (S. 14f.), Nr. 241 (S. 94), PPF (Philosophie der Psychologie – Ein Fragment/Philosophy of Psychology – A Fragment) Nr. 1 (S. 183), Nr. 345 (S. 238).

ben zu unterschiedlichen, ja sogar gegensätzlichen Interpretationen geführt. Die zentrale theoretische Frage in dieser Hinsicht ist, ob Lebensformen eine menschliche Invariante darstellen oder vom sozialen Kontext abhängen. So wie Kathleen Emmett es formuliert, »können Wittgensteins Bemerkungen über ›Lebensformen‹ auf zwei verblüffend unterschiedliche Weisen interpretiert werden. Der Unterschied zwischen ihnen beruht darauf, ob alle Menschen zu jeder Zeit und an jedem Ort über dieselben Lebensformen verfügen oder ob es kulturelle und historische Abweichungen zwischen ihnen geben kann«.[4] Sie nennt die erste Position, die sie kritisiert, »transzendental« und die zweite, die sie vertritt, »anthropologisch«. Diese Terminologie übernimmt sie von Jonathan Lear, der sich allerdings die erstgenannte Option zu eigen macht und mit Nachdruck behauptet, dass es sich bei Lebensformen um »nichtempirische Einsichten« handelt.[5] Die Unterscheidung könnte sogar noch komplexer ausfallen. Lynne Rudder Baker zufolge »beruhen Lebensformen letzten Endes nur darauf, dass wir in Bezug auf die Einschätzung dessen und die Reaktion auf das, was uns begegnet, übereinstimmen bzw. zur Übereinstimmung gelangen«.[6] Genauer, in Wittgensteins Worten ausgedrückt, geht es um das Problem der menschlichen Übereinstimmung, was richtig oder falsch ist: »Richtig und falsch ist, was Menschen *sagen*;

4 Kathleen Emmett, »Forms of Life«, in: *Philosophical Investigations*, 1990, 13 (3), S. 213-231.

5 Jonathan Lear, »Transcendental Anthropology«, in: Philip Pettit/John McDowell (Hrsg.), *Subject, Context and Thought*, Oxford: Clarendon Press, 1986, bes. S. 269.

6 Lynne Rudder Baker, »On the Very Idea of a Form of Life«, in: *Inquiry. An Interdisciplinary Journal of Philosophy*, 27 (1-4), S. 277-289, hier S. 278.

und in der *Sprache* stimmen die Menschen überein. Dies ist keine Übereinstimmung der Meinungen, sondern der Lebensform.« Ironischerweise stimmen die Exegeten in Bezug auf die Bedeutung ebendieser Äußerung zur Übereinstimmung überhaupt nicht überein.

Wittgensteinianisch formuliert, gibt es nämlich in der Hauptsache zwei Interpretationsfamilien. Für Bernard Williams kann es nur eine Lebensform geben, weil wir andere Menschen, das heißt ihre Praktiken nur verstehen, wenn diese »anderen« bereits zu der Gruppe gehören, die wir als »wir« betrachten. Von diesem Standpunkt aus ist jede weitere Lebensform sinnlos und Relativismus nicht einmal möglich: »Weil es sich bei den Fakten, daß unsere Sprache so und so beschaffen ist und daß die Welt, in der wir leben, so ist, wie sie ist, [...] um transzendentale Fakten handelt, gibt es für sie keine empirische Erklärung.«[7] Da wir uns innerhalb einer bestimmten Lebensform befinden, können wir uns eine andere nicht einmal vorstellen, und wenn wir einer begegneten, wären wir noch nicht einmal in der Lage, sie als solche wahrzunehmen. Für Stanley Cavell gibt es dagegen eine Vielzahl von Lebensformen, bei denen die Möglichkeit zur Übereinstimmung auf »gemeinsamen Interessen und Gefühlen, Formen der Reaktion, dem gleichen Sinn für Humor und der Bedeutung und Erfüllung dessen [beruht], was schändlich ist, einander ›ähnelt‹, was ein Tadel, was Verzeihung ist, wann eine Äußerung eine Be-

7 Bernard Williams, »Wittgenstein and Idealism«, in: Godfrey Vesey (Hrsg.), *Understanding Wittgenstein*, Royal Institute of Philosophy Lectures, London: Macmillan, 1974, S. 76-95, hier S. 84 ⟨dt.: »Wittgenstein und der Idealismus«, in: ders., *Moralischer Zufall. Philosophische Aufsätze 1973-1980* (Aus dem Englischen von André Linden), Königstein/Ts.: Hain, 1984, S. 155-174, hier S. 163⟩.

hauptung, wann eine Bitte und wann eine Erklärung ist«. Diese gemeinsame Bedeutungswelt ist die Bedingung für menschliche Handlungen und Interaktionen, »Vernünftigkeit und Gemeinschaftlichkeit«.[8] Man versteht gut, dass Anthropologen eher mit Cavells Lesart der Lebensform sympathisiert haben als mit der von Williams. Sie scheint nicht nur offener für das Erkennen und Akzeptieren von Unterschieden und für die Möglichkeit ihrer Überwindung zu sein, sondern würdigt auch die Notwendigkeit und Bedeutsamkeit des Empirischen, dem sie eher verpflichtet sind als dem Transzendentalen. Anthropologen könnten ihre Präferenz sogar durch Wittgensteins Gedankenexperiment bestätigt sehen: »Wenn wir die ethnologische Betrachtungsweise verwenden, heißt das, daß wir die Philosophie für Ethnologie erklären? Nein, es heißt nur, daß wir unsern Standpunkt weit draußen einnehmen, um die Dinge *objektiver* sehen zu können. [...] Eine meiner wichtigsten Methoden ist es, mir den historischen Gang der Entwicklung unsrer Gedanken anders vorzustellen, als er in Wirklichkeit war.«[9] In Wittgensteins Augen kann man sich zumindest in der Vorstellung anderen Lebensformen nähern. Das tun auch Anthropologen – allerdings in der wirklichen Welt.

8 Stanley Cavell, »The Availability of Wittgenstein's Later Philosophy«, in: *The Philosophical Review*, 1962, 71 (1), S. 67-93 ⟨dt.: »Der Zugang zu Wittgensteins Spätphilosophie« (Aus dem Amerikanischen von Rolf-Albert Dietrich), in: ders., *Nach der Philosophie. Essays*, Berlin: Akademie Verlag, 2. erw. Aufl. 2001, S. 75-95, hier S. 81f. (der Verweis auf »Vernünftigkeit und Gemeinschaftlichkeit« fehlt in der deutschen Ausgabe)⟩.

9 Ludwig Wittgenstein, *Vermischte Bemerkungen.* Eine Auswahl aus dem Nachlaß, hrsg. v. Georg Henrik von Wright unter Mitarbeit von Heikki Nyman, Frankfurt am Main: Suhrkamp, 1977, S. 76f.

Auf den ersten Blick könnte der Abstand zwischen Canguilhem und Wittgenstein kaum größer sein, ja was sie jeweils unter Lebensform verstehen, lässt sogar schon die Möglichkeit einer Diskussion zweifelhaft erscheinen. Für Canguilhem hat sie mit der Organisation von Materie zu tun. Für Wittgenstein bezieht sie sich auf die Bedingungen des gegenseitigen Verstehens. »Das Leben ist die Form und die Macht des Lebendigen«, behauptet der französische Philosoph; »eine Sprache vorstellen heißt, sich eine Lebensform vorstellen«, versichert der Professor aus Cambridge.[10] Beide verwenden zur Charakterisierung ihrer Auffassung den Terminus »Grammatik«, aber für Canguilhem ist diese in den genetischen Code der lebenden Arten eingeschrieben, um deren Reproduktion sicherzustellen, während sie für Wittgenstein eine Konvention darstellt, die gestattet, dass Menschen übereinstimmen. Sie interessieren sich beide für Bedeutung, aber für den einen liegt sie in der lebenden Materie und für den anderen in Sprachspielen.

Der Abstand zwischen den beiden philosophischen Theorien überträgt sich auf das anthropologische Feld und hat zu einer terminologischen Differenzierung geführt: auf der einen Seite der Begriff der »Lebensformen«, mit dem die einflussreiche, jüngste Strömung einer artenübergreifenden Anthropologie arbeitet, die sich für Tiere von Primaten bis zu Bienen und für Pflanzen vom Wald bis zum Garten interessiert, und auf der anderen Seite der Begriff der »Formen des Lebens«, der verwendet wird, um Erscheinungsformen von Leid und Gewalt Rechnung zu tragen, die als äußerste Bewährungs-

10 Georges Canguilhem, »La nouvelle connaissance de la vie«, a. a. O.; Ludwig Wittgenstein, *Philosophische Untersuchungen/ Philosophical Investigations*, a. a. O., hier Nr. 19.

probe für die Menschlichkeit von Menschen gelten.[11] Diese radikale Entgegensetzung von naturalistischen und humanistischen Ansätzen, die sich indes nicht auf die Unterscheidung von Lebensformen und Formen des Lebens beschränkt, liegt wahrscheinlich heute der abgrundtiefen Spaltung des Fachs zugrunde, weil damit die Stellung des Menschen in der Anthropologie selbst auf dem Spiel steht: Manche plädieren für eine posthumane oder über den Menschen hinausgehende intellektuelle Revolution, andere unterstreichen die ethische Vorrangstellung des Menschen.

Obwohl die Unterschiede zwischen Canguilhems und Wittgensteins Theorien so prima facie unüberwindbar zu sein scheinen, deutet ein näherer Blick auf sie darauf hin, dass ihre Gegenüberstellung in zwei Hinsichten trotzdem fruchtbar sein könnte. Eher als die Alternative von Allgemeinem und Besonderem, die sie in den Vordergrund zu stellen scheinen, regen die beiden meiner Auffassung nach erstens eine Dialektik an, die von der Widersprüchlichkeit der beiden Termini ausgeht, um sie zu überwinden. Zweitens lassen sich beide meiner Ansicht nach nicht mit Hilfe einer endgültigen Unterscheidung von Natur und Kultur, bei der sich die beiden Philosophen gegenüberzustehen scheinen, sondern besser aus der Perspektive ihrer Bemühungen verstehen, sie zu versöhnen. Eine solche Richtung hat Stanley Cavell in seinen späteren Interpretationsversuchen des Begriffs denn auch tatsächlich eingeschlagen.[12] Mit dem Gedanken,

11 John Hartigan, *Aesop's Anthropology. A Multispecies Approach*, Minneapolis: University of Minnesota, 2014; Veena Das, *Life and Words. Violence and the Descent into the Ordinary*, Berkeley: University of California Press, 2007.

12 Stanley Cavell, *This New Yet Unapproachable America. Lectures*

dass Wittgenstein die Philosophen dafür tadelte, dass sie sich zu sehr auf die Individuen, die innere Einkehr und das Treffen der richtigen Entscheidung konzentriert hätten, anstatt den Konventionen, das heißt der Kultur, den ihr gebührenden Raum zu geben, hat in seinen Augen die vorherrschende Lesart der *Philosophischen Untersuchungen* »die soziale Natur der menschlichen Sprache und des menschlichen Verhaltens hervorgehoben«. Das war korrekt, nahm aber eine Verengung vor, die zu einer »teilweisen Ausblendung des Natürlichen« geführt habe, sodass aus dieser Perspektive die Bedeutung übersehen werde, die Wittgenstein dem, was Menschen gemeinsam ist, und ihrer Naturgeschichte einräume.

Um zu einem seiner Meinung nach ausgewogeneren und Wittgenstein getreueren Verständnis des Begriffs zurückzukehren, weist Cavell auf zwei Dimensionen hin. Die erste nennt er »ethnologisch« bzw. »horizontal«. Dabei geht es um soziale Konventionen, die sich zum Beispiel am »Unterschied zwischen Krönungen und Amtseinführungen oder zwischen Tauschhandel und Kreditwesen« festmachen, wie er es ausdrückt. Diese Dimension berücksichtigt kulturelle Unterschiede in allen Gesellschaften. Die zweite bezeichnet er als »biologisch« bzw. »vertikal«. Dabei geht es um fundamentale Besonderheiten wie jene, die mit den »Unterschieden zwischen menschlichen und sogenannten ›höheren‹ oder ›niederen‹ Formen des Lebens« zusammenhängen, »zwischen dem Herumstochern in der Nahrung etwa mit einer Gabel und mit einer Pfote oder einem Schnabel«, wie es wiederum bei ihm heißt. Diese Dimension berücksichtigt natürliche Unterschiede zwischen mensch-

after Emerson after Wittgenstein, Chicago: The University of Chicago Press, 1989, bes. S. 41-45.

lichen Wesen und anderen Lebewesen bzw. sogar Maschinen. Diese beiden Dimensionen sind nicht hierarchisch zu verstehen, wie er betont: »Die biologische Interpretation der Form des Lebens ist nicht bloß eine andere Interpretation als die ethnologische, sondern sie bestreitet deren Sinn für politischen oder sozialen Konservatismus.« Und dies ist denn auch ein häufig gegen Wittgenstein vorgebrachter Vorwurf, der bekanntlich erklärt hat, dass Philosophie »alles so lasse, wie es ist«. Für Cavell bedeutet das Bestreiten des Kulturellen durch das Biologische dagegen eine kritische Akzentverschiebung von »*Formen* des Lebens« zu »Formen des *Lebens*«, mit anderen Worten von Formen zu Leben.

Doch soll man die beiden Wörter überhaupt trennen oder entgegensetzen? Müssen wir zwischen Formen und Leben wählen? Diese Frage steht im Zentrum von Giorgio Agambens *Höchste Armut*, einer historischen Studie über mittelalterliche Ordensregeln.[13] Genauer gesagt, lautet seine These, dass es in den Klöstern beinahe tausend Jahre lang Lebensformen gegeben hat, bei denen ein Leben »mit seiner Form so innig verbunden ist, dass es von ihr nicht mehr unterschieden werden kann«. Und ebendieser Begriff der Lebensform war zwei Jahrzehnte zuvor fast genauso definiert in einem Aufsatzband von Agamben mit dem Schwerpunkt Flüchtlinge, Lager und dem Unterschied zwischen *zoe* und *bios* vorgekommen: »Unter dem Begriff Lebens-Form verstehen wir [...] ein Leben, das niemals von seiner Form geschieden werden kann, ein Leben, in dem es niemals

13 Giorgio Agamben, *Höchste Armut,* a.a.O., italienische Erstausgabe 2011; und Giorgio Agamben, *Mittel ohne Zweck. Noten zur Politik* (Aus dem Italienischen von Sabine Schulz), Zürich/Berlin: Diaphanes, 2001, italienische Erstausgabe 1996.

möglich ist, etwas wie ein bloßes, nacktes Leben zu isolieren.« Doch als er zwanzig Jahre später auf diese Trope zurückkommt, die er eigentlich nie ganz aufgegeben hatte, macht Agamben drei kritische Schachzüge: Erstens schwenkt er vom Genealogischen zum Historischen um und behält allein den wirklichen mittelalterlichen Franziskanermönchen die grundlegende römische Gestalt des *homo sacer* vor. Zweitens ersetzt er die tragischen Paradigmen des Flüchtlings und des Lagers durch die gewöhnliche Lebensweise der Mönche in ihren Klöstern. Drittens setzt er die analytische Lesart der Lebensformen bildenden Regeln an die Stelle der normativen Festlegung der Souveränität, die das Leben auf seine Nacktheit reduziert. Diese drei Schachzüge – von der Genealogie zur Geschichte, vom Tragischen zum Gewöhnlichen und vom Normativen zum Analytischen – eröffnen nun aber neue Dialogmöglichkeiten mit den Sozialwissenschaften.

Doch was hat Agamben jetzt über die Formen des Lebens zu sagen? Lange bevor die Philosophen begannen, diesen Begriff ausführlich zu erörtern, behauptet er, verwendeten Theologen den Ausdruck: »Als die religiösen Bewegungen ab dem 11. Jahrhundert das Syntagma wieder vermehrt verwendeten, legten sie die Betonung in gleichem Maße auf beide Termini, aus denen es sich zusammensetzt, um die völlige Übereinstimmung von Leben und Form, Beispiel und Nachfolge zu unterstreichen. Zu einem regelrechten Terminus technicus der monastischen Literatur sollte das Syntagma *forma vitae* jedoch erst mit den Franziskanern werden, für die das Leben als solches zur alles entscheidenden Frage wurde.« Dies geschieht im 13. Jahrhundert mit der Regel des heiligen Franziskus. Doch Agambens Interesse an dieser mönchischen Lebensform liegt nicht hauptsächlich in dem »enormen Wust [...] von pedantischen Vorschriften und asketischen Techniken, Klöstern und Horologien, von einsamen Versuchungen und chorischen Liturgien, brüderlichen Ermahnungen und drakonischen Strafen, also all jener Maßnahmen, die mit Blick auf die Erlösung von der Sünde und der Welt das Zönobium als ›geregeltes Leben‹ einrichten sollen«. Er richtet sein Augenmerk auf »die Dialektik [...], die so zwischen den Termini ›Regel‹ und ›Leben‹ entsteht«. Aus dieser Perspektive besteht die radikalste Geste, die die Franziskaner durch ihr Armutsgelöbnis, *altissima paupertas*, vornehmen, in dem »Verzicht auf jegliches Recht«, insbesondere auf das Eigentums- und sogar das Gebrauchsrecht. Wie William von Ockham vor den kirchlichen Behörden argumentiert, haben Mönche im äußersten Notfall ein »natürliches Recht«, zu gebrauchen, was sie zum Leben benötigen, aber kein »positives Recht« darauf. Das revolutionäre Projekt der Franziskaner besteht mit anderen Worten in dem »Versuch, ein von den Bestimmungen des Rechts völlig entzogenes menschliches Leben und Handeln zu verwirklichen«. Daher der Streit und der Konflikt mit dem Säkularklerus, der Kurie und schließlich mit dem Papst.

Der Fall der mönchischen Lebensform der Franziskaner hat durchaus Entsprechungen in der Gegenwart, die von Anthropologen untersucht worden sind. Dabei wäre zum Beispiel an die Entsagung der indischen Jains zu denken oder an die muslimischen Frauen, die einer ägyptischen Frömmigkeitsbewegung angehören, denen James Laidlaw und Saba Mahmood jeweils aufschlussreiche ethnographische Studien gewidmet haben.[14] Jen-

14 James Laidlaw, *Riches and Renunciations. Religion, Economy and Society Among the Jains*, Oxford: Clarendon Press, 1995; Saba

seits ihrer offenkundigen Eigenheiten laden diese religiösen Lebensformen zu einer Neubewertung der Vermittlungsrolle ein, die das Gesetz zwischen Individuum und Gemeinschaft, Körper und Staat, Praktiken und Regeln spielt. Dass das Verhältnis zum Gesetz für alle Lebensformen konstitutiv ist, haben die Rechtsbewusstseinstheorien denn auch klar nachgewiesen.[15] Agamben ergänzt sie dahingehend, dass es sich auf paradoxe Situationen ausweiten lässt, in denen der Gehorsam gegenüber einer Regel sich gegen das gewöhnliche Rechtssystem richtet. Allgemeiner gesagt, werden die Lebensformen sowohl innerhalb als auch außerhalb des Gesetzes durch das Gesetz bestimmt. Im letzteren Fall kann eine solche Festlegung sogar noch extremer ausfallen, je nachdem, ob sie sich einer Ablehnung des Gesetzes verdankt, wie bei den Franziskanern in vergangenen Zeiten oder bei den Anarchisten vor nicht allzu langer Zeit, oder, was heute häufiger vorkommt, einer Exklusion oder Ausschließung durch das Gesetz, wie bei den Geächteten, Entrechteten oder Papierlosen.

Inwiefern hat die Erörterung dieser auf den ersten Blick ausgesprochen heterogenen philosophischen Texte unser Verständnis der Lebensformen erweitert? Durch dieses nur in der Vorstellung stattfindende Gespräch zwischen zutiefst verschiedenen Theorien habe ich versucht, mit den in den Geistes- und Sozialwissenschaften vorherrschenden Herangehensweisen an das Thema Lebensformen zu brechen, und zwar auf zwei Ebenen:

Mahmood, *The Politics of Piety. The Islamic Revival and the Feminist Subject*, Princeton: Princeton University Press, 2005.

15 Austin Sarat/Patricia Ewick/Susan Sibley, *The Common Place of Law. Stories from Everyday Life*, Chicago: The University of Chicago Press, 1998.

Anstatt zwischen der transzendentalen und der anthropologischen Lesart wählen zu müssen, die das Feld der Wittgenstein-Studien in zwei Lager teilen, ziehe ich erstens einen dialektischen Ansatz vor, der die beiden Lesarten einander gegenüberstellt: Eher als um eine Alternative zwischen zwei unvereinbaren Paradigmen geht es darum, zwischen der Aufhebung der Differenzen und ihrer Anerkennung ein produktives Spannungsverhältnis zu erzeugen. Zweitens halte ich es heuristisch für geboten, sich nicht ausschließlich auf Wittgenstein zu beziehen, wie die meisten Autoren, sondern einen Zusammenhang zwischen seinem Denken und anderen Denkern herzustellen, woraus sich neue Analyseperspektiven eröffnen. Auf dieser doppelten Grundlage schlage ich also entsprechend der von Wittgenstein, Canguilhem und Agamben jeweils getroffenen Unterscheidungen die Berücksichtigung einer dreifachen, für die Lebensformen konstitutiven Spannungslinie vor: zwischen Allgemeinem und Besonderem; zwischen Biologischem und Sozialem; zwischen Gesetz und Gesetzespraxis. Diese dreifache Dialektik möchte ich freilich noch um zwei Dimensionen ergänzen, die in diesen drei philosophischen Theorien der Lebensformen kaum präsent sind, nämlich Politik und Moral. Dass Wittgenstein sich von beidem ferngehalten hat, ist bekannt. Canguilhem war womöglich in seinem praktischen Engagement empfänglicher für sie als in seinen wissenschaftlichen Überlegungen. Und auch wenn Agamben immerhin die Grundlagen des Politischen ins Zentrum seines intellektuellen Projekts stellt, aus dem – allerdings eher implizit – auch ein moralisches Anliegen spricht, so lässt seine Theorie der Lebensformen doch wenig Raum für diese beiden Aspekte. Dieses Versäumnis ist vor kurzem in einigen Arbeiten vor allem über die sozialen Bewegungen und die Care-Praktiken behoben worden.[16] Der Ansatz, den ich auf der Grundlage meiner empirischen Untersuchungen in Frankreich und Südafrika entwickeln werde, schlägt jedoch eine andere Richtung ein. Dabei handelt es sich darum, eine Lebensform zu beschreiben und zu analysieren, die das Imaginäre der Gesellschaften der Gegenwart heimsucht und ein Sinnbild für die zeitgenössische Welt darstellt: das prekäre transnationale Nomadentum, das Flüchtlinge und Migranten, Asylsuchende und Ausländer ohne gültige Papiere verkörpern.

*

Das nordfranzösische Calais ist bedauerlicherweise für seinen sogenannten Dschungel bekannt – eine fünf Kilometer außerhalb der Stadt gelegene Einöde, in der Flüchtlinge und Migranten monatelang ausharren, während sie versuchen, den Ärmelkanal zu überqueren. Dieser Bereich ist seit den 1980er Jahren für aufeinanderfolgende Flüchtlingswellen aus konfliktreichen Regionen das Tor nach England gewesen: ursprünglich für Vietnamesen, später für Tamilen, Kosovaren, Kurden und Afghanen und in jüngerer Zeit für Sudanesen, Eritreer, Libyer und Syrer. Als das Vereinigte Königreich im Jahr 1999 damit begann, strengere Kontrollen an seinen Grenzen durchzuführen, stieg die Anzahl der Flüchtlinge und Migranten rasch, und in Sangatte wurde von der sozialistischen Regierung Frankreichs mit Hilfe des Roten

16 Albert Ogien, »La démocratie comme revendication et forme de vie«, in: *Raisons politiques*, 2015, 57, S. 31-47; Sandra Laugier, »La vulnérabilité des formes de vie«, in: *Raisons politiques*, 2015, 57, S. 65-80.

Kreuzes ein Lager eröffnet. Als im Jahr 2002 die konservative Partei wieder an die Macht kam, bediente sich der Innenminister einer humanitären Rhetorik und eines Sicherheitsarguments, um das Zentrum endgültig zu schließen, sodass er den Menschen, die es beherbergte, keine andere Wahl ließ, als öffentliche Räume, leere Gebäude und sogar Bunker direkt am Strand zu besetzen – skurrile Überbleibsel aus dem Zweiten Weltkrieg. Mehrere Jahre lang schikanierte die Polizei diese Männer und Frauen, die unbedingt nach Großbritannien gelangen wollten, indem sie sie unerbittlich mitten in der Nacht ohne Rücksicht auf die Witterungsbedingungen aus ihren Notunterkünften vertrieb.

Der in Libyen und Syrien wütende Bürgerkrieg ließ den Flüchtlings- und Migrantenstrom aus Afrika und dem Nahen Osten im Jahr 2014 plötzlich ansteigen. Angesichts dieser neuerlichen Krise traf die zu jener Zeit linksgerichtete Regierung die Entscheidung, die über die Stadt und ihre Umgebung verstreuten Menschen auf einer früheren Deponie unterzubringen. An diesem verschmutzten und die Gesundheit gefährdenden Ort gab es fast keine Infrastruktur, doch in erster Linie französische und britische Nichtregierungsorganisationen schlugen in kurzer Zeit Zelte auf, bauten Baracken, installierten Toiletten, stellten Lebensmittel zur Verfügung, gründeten ein Krankenhaus, eine Rechtsberatungsstelle, eine Schule, eine Bücherei und ein Theater, während die Flüchtlinge und Migranten Läden eröffneten, Restaurants, Friseursalons, und eine Kirche und eine Moschee errichteten. Jede Nacht versuchten mehrere Hundert Männer und Frauen unter Lebensgefahr, über den Hafen oder durch den Tunnel den Ärmelkanal zu überqueren. Die Zahl der Todesopfer belief sich im Jahr 2014 auf 19 und im Jahr 2015 auf 24; die meisten waren von Lastwagen oder Zügen überfahren worden.[17] Als den Menschen mit Kameras, elektrischen Zäunen, Fahrzeugkontrollen und CO^2-Detektoren immer mehr Hindernisse in den Weg gelegt wurden, scheiterten ihre Versuche fast immer. Häufig setzte die Polizei Tränengas gegen sie ein und misshandelte sie körperlich: In einer Umfrage gaben 80 Prozent an, solcher Gewalt ausgesetzt gewesen zu sein.[18] Es kam zu Festnahmen: Die Hälfte der Bewohner des Dschungels war schon einmal verhaftet worden. Entmutigt, aber immer noch entschlossen, es weiter zu versuchen, kehrten die anderen im Morgengrauen in den Dschungel zurück, obwohl Dreiviertel von ihnen diesen Ort für gefährlich hielten. Ihre Furcht beruhte vor allem auf der bedrohlichen Anwesenheit schwer bewaffneter und häufig aggressiver Beamter rund um die Anlage. In einer Protestaktion gegen die Gewalttätigkeit der französischen Regierung, die unter Missachtung eines Gerichtsurteils angefangen hatte, ihre Notunterkünfte abzureißen, nähten sich acht iranische Flüchtlinge die Lippen zu, verbanden sich die Augen und trugen Plakate mit der Aufschrift »Wir sind Menschen«, »Wo ist unsere Freiheit?« und »Ich kam wegen meiner Menschenrechte her, bin aber leider nicht fündig geworden«. Denn es wollte diesen Männern einfach nicht in den Sinn, warum die Staaten, die in dem Land, aus dem sie geflohen waren, die Verletzung der Menschenrechte gezielt angeprangert hatten, ihnen keinen Schutz gewähren sollten.

17 Calais Migrant Solidarity, *Death at the Calais Border*, ⟨https://calaismigrantsolidarity.wordpress.com/deaths-at-the-calais-border/⟩

18 Refugee Rights Data Project, *The Long Wait,* ⟨http:// http://refugeerights.org.uk/wp-content/uploads/2016/06/RRDP_TheLongWait.pdf⟩

Nachdem ich bereits Anfang der 2000er Jahre in Sangatte eine Untersuchung durchgeführt hatte, kehrte ich im Januar 2016 nach Calais zurück.[19] Zu diesem Zeitpunkt beherbergte der Dschungel schätzungsweise 5500 fast ausschließlich männliche Personen, von denen 14 Prozent unter 18 waren. Nur einige Wochen später gab die französische Regierung ihre Entscheidung bekannt, das Lager dem Erdboden gleichzumachen, obwohl dessen notdürftige Behausungen auf genau dem Grund und Boden errichtet worden waren, das die Behörden ein Jahr vorher zur Verfügung gestellt hatten. In eine solche Behausung lud mich ein syrischer Jugendlicher zu einem Gespräch mit seinen Freunden ein. Der vier Quadratmeter große Holzverschlag war von außen in eine blaue Abdeckplane gehüllt, die kaum verhinderte, dass es reinregnete, und innen mit Alufolie ausgekleidet, durch die gleichwohl kalte Luft drang. Er gewährte sechs jungen Männern Zuflucht; vier von ihnen waren Studenten – so wie mehr als ein Drittel aller Flüchtlinge und Migranten im Dschungel. Sie hatten einen Bachelor-Abschluss in Volks- und Betriebswirtschaft angestrebt und stammten aus einer kleinen Stadt im Süden des Landes, der von Rebellengruppen kontrolliert und regelmäßig von der regierungstreuen Luftwaffe bombardiert wurde. Als die Truppen des Baath-Regimes vorrückten, hatten sie Syrien verlassen, um der Alternative von Unterdrückung durch und Einberufung in Baschar al-Assads Armee zu entgehen. Nachdem sie ganz Europa durchquert hatten, lebten sie seit vier bis zwölf Wochen im Dschungel. Sie sprachen kein Französisch und

19 Didier Fassin, »Compassion and Repression. The Moral Economy of Immigration Policies in France«, in: *Cultural Anthropology*, 2005, 20 (3), S. 362-387.

das, was sie von Frankreich kennengelernt hatten, verlockte sie nicht zum Bleiben. Sie hofften, nach England zu gelangen, wo sie alle Verwandte oder Freunde hatten.

In Anbetracht des Matsches überall im Lager waren sowohl die Hütte als auch die Kleidung, die an den in die Wand gehämmerten Nägeln hing, erstaunlich sauber, und obwohl er so viele Menschen beherbergte, war der Raum bemerkenswert ordentlich. Trotz ihrer völligen Mittellosigkeit entschuldigten sich die jungen Männer, dass sie mir keinen Tee anbieten konnten, und einer von ihnen ging los, um zu versuchen, in der freien Suppenküche etwas zu essen zu bekommen, kam aber mit leeren Händen zurück. In ihre Schlafsäcke gehüllt, sprachen sie ruhig und bedächtig; sie brannten darauf, jemandem ihre Ängste und Erwartungen mitteilen zu können. Sie erklärten, dass sie, seit sie im Lager angekommen waren, fast jede Nacht erfolglos versucht hätten, den Ärmelkanal zu überqueren. Jedes Mal waren sie von der Polizei und ihren Hunden verfolgt, häufig geschlagen und manchmal festgenommen worden. Zum Beweis zeigten sie mir frische Narben an ihren Armen und Beinen. Doch was sie vor allem zu Protokoll geben wollten, betraf ihr früheres Leben in Syrien. Einer nach dem anderen zeigte mir die Fotos, die sie in der immer gleichen Reihenfolge wie Kostbarkeiten auf ihren Smartphones gespeichert hatten: erst Bilder ihrer Eltern, Geschwister, Freundin, ihres Hauses, Autos als Zeugnisse ihres Lebens vor dem Bürgerkrieg; dann Bilder von Mord und Zerstörung: die Leichen eines Vaters, Bruders, jungen Vetters und die Trümmer dessen, was einmal ihr Zuhause gewesen war. Doch mehr als auf der Erinnerung an diese tragischen Verluste beharrten sie auf der Unwürdigkeit ihrer jetzigen Situation. Deshalb, als Kontrast, diese Aufnahmen, die sie in Friedenszeiten, elegant gekleidet und wohlhabend, vor ihrem Familiensitz zeigten: Sie waren der Beleg für einen sozioökonomischen Status, der ihre Lebensumstände im Dschungel in keiner Weise erahnen ließ. Sie hätten niemals gedacht, wiederholten sie, dass sie eines Tages mitten im Winter auf dem Boden eines Verschlages schlafen und ständig von der Polizei schikaniert werden würden.

Als ich sie verlassen hatte und durch die Einöde aus Zelten und Verschlägen schlenderte, bemerkte ich ein Graffito des englischen Straßenkünstlers Banksy auf dem Betonpfeiler der Brücke, die über dem Lager aufragte und seinen Eingang markierte. Es zeigte Steve Jobs, dessen leiblicher Vater Syrer war, mit einem Kleiderbündel auf den Schultern, als sei er insgeheim ein Migrant. Zu seinen Füßen hatte jemand Dutzende leere Tränengasgranaten gesammelt, die eine Art ironischen Altar zur Würdigung der Unterdrückungsmaßnahmen des französischen Staates bildeten.

Etwa 9000 Kilometer entfernt sind im Geschäftszentrum von Johannesburg, das einstmals den Weißen vorbehaltenen, administrativen und ökonomischen Stadtkern darstellte, Dutzende von früher opulenten Gebäuden, in denen sich der Hauptsitz von Banken und Unternehmen befand oder die weiße Oberschicht lebte, von ihren Besitzern verlassen worden. An ihre Stelle sind illegale Besetzer getreten. Diese verfallenen Gebäude, deren Bewohner häufig Miete an lokale Banden entrichten müssen, werden »Dark Buildings« genannt. In ihnen sind Zehntausende von Asylsuchenden und Migranten ohne gültige Papiere zumeist aus Nachbarländern untergebracht. Ab Anfang der 2000er Jahre nahm besonders der Zustrom von Simbabwern auf der Flucht vor Robert Mugabes Unterdrückungsregime und der Wirtschaftskrise, die auf die Beschlagnahmung weißen Ackerlandes und die daraufhin verhängten internationalen Sanktionen gefolgt war, beständig zu. Ihre Zahl wurde auf beinahe zwei Millionen geschätzt. Die meisten von ihnen suchten ab einem bestimmten Zeitpunkt um Schutz im Rahmen der Genfer Flüchtlingskonvention von 1951 nach. Laut dem Hochkommissar der Vereinten Nationen für Flüchtlinge hielten sich im Jahr 2000 15 000 Asylsuchende in Südafrika auf, im Jahr 2010 170 000 und im Jahr 2015 800 000.[20] Mit mehr als einem Drittel aller Asylsuchenden steht das Land aktuell weltweit an erster Stelle.

Der Bewilligungsprozess des Flüchtlingsstatus ist langwierig, mühsam und höchst ungewiss. Obwohl die südafrikanische Regierung sich nach dem Ende der Apartheid zur Achtung des Völkerrechts und folglich zur Registrierung aller Asylsuchenden verpflichtet hatte, führte der demographische Druck durch die Antragsteller, die Ineffizienz der zuständigen Behörden und die zunehmende fremdenfeindliche Stimmung unter den Einheimischen und innerhalb der Elite zu einer Überlastung des Systems und zur Stigmatisierung der betroffenen Bevölkerungsgruppe.[21] Zurzeit dauern die Verfahren häufig länger als fünf Jahre, da gegen die meisten Ablehnungen Berufung eingelegt wird, doch während dieser Zeit der Ungewissheit müssen die Anwärter ihren Antrag alle sechs Monate erneuern – eine Anforderung, die mit ellenlangen Wartezeiten und regelmäßigen

20 UNHCR, *Mid-Year Trends 2015*, ⟨http://www.unhcr.org/56701b969.html⟩.

21 Roni Amit, *All Roads Lead to Rejection: Persistent Bias and Incapacity in South African Refugee Status Determination*, African Centre for Migration & Society, 2012, ⟨http://www.lhr.org.za/sites/lhr.org.za/files/all_roads_lead_to_rejection_research_report.pdf⟩.

Schmiergeldzahlungen einhergeht. Aufgrund der Länge des Verfahrens und der Hürden, die seinen Verlauf säumen, stapeln sich die Anwärter, und viele von ihnen geben schließlich entmutigt auf. Infolge dieser in sich widersprüchlichen Phänomene von Überhang und Ausstieg nimmt die Zahl der Asylsuchenden nicht nur beständig zu, sondern wird auch beträchtlich unterschätzt. Auch wenn die Legaldefinition der Antragsteller angeblich zwischen Asylsuchenden und Migranten ohne gültige Papiere unterscheidet, geht der eine Zustand häufig in den anderen über, besonders wenn die Aufenthaltserlaubnis nicht erneuert wurde, und ihre tatsächliche Lage ähnelt sich sehr. Sie teilen dieselben Nöte, erfahren am Arbeitsplatz und bei der Unterbringung dieselbe Diskriminierung, ja sie erleben sogar dieselben Drangsalierungen durch die Polizei und ihnen begegnet dieselbe Feindseligkeit von Seiten der Einheimischen. Die meisten enden als Händler oder Bettler auf der Straße und besetzen die Dark Buildings – bedroht von Banden und der Polizei.

So war es auch bei den Frauen, über deren Fall ich im Mai und Juni 2013 eine Untersuchung durchführte.[22] Eine Gruppe von ihnen lebte in der dritten Etage eines fünfstöckigen, widerrechtlich besetzten Gebäudes. Die gesamte Fläche war durch Sperrholzplatten und Papptrennwände, die nicht im Entferntesten bis an die hohe Decke reichten, in zahlreiche, ungefähr sechs Quadratmeter große Zimmer unterteilt. Mit illegalen Anschlüssen verbundene Elektroleitungen bildeten ein dichtes

22 Didier Fassin/Matthew Wilhelm-Solomon/Aurelia Segatti, »Asylum as a Form of Life. The Politics and Experience of Indeterminacy in South Africa«, in: *Current Anthropology*, 2017, 58 (2), S. 160-187.

Netz oberhalb der behelfsmäßigen Wohnungen. Die lauten Geräusche von Gesprächen, Musik und Radiosendungen mischten sich in dem offenen Raum. Eine Frau zwischen 30 und 40 lebte mit ihrem Partner und ihrem Baby in einem dieser Zimmer, durch dessen kaputtes Fenster kalte Luft strömte. Es gab ein Bett, einen Tisch, einen Schrank, eine Heizplatte, einen alten Fernseher und zwei umgedrehte Eimer, die als Hocker dienten. Die einzige Dekoration bestand aus drei Postern, auf denen der Gazastreifen, die Rastafari-Religion und Werbung für ein Erfrischungsgetränk abgebildet waren. Der Raum war so anständig, wie es unter diesen Umständen möglich war. Die junge Frau erklärte, dass sie Simbabwe teils aufgrund von politischer Unterdrückung und teils aus ökonomischer Notwendigkeit verlassen habe. Da sie der Oppositionspartei nahestand, war sie von einer Gruppe Regierungsanhänger überfallen und geschlagen worden. Weil sie kaum über Ressourcen verfügte, um ihre beiden Kinder großzuziehen, hatte sie sie vor ihrer Abreise der Obhut ihrer Eltern übergeben. In ihren ersten drei Jahren in Südafrika hatte sie keine gültigen Papiere. Irgendwann schlugen Freunde ihr vor, einen Antrag auf Flüchtlingsstatus zu stellen, was sie tat, doch als sie später versuchte, ihre Aufenthaltserlaubnis zu erneuern, wurde ihr mitgeteilt, dass sie eine Geldsumme zahlen müsse, die sie nicht hatte. Seither war sie wieder ohne gültige Papiere gewesen. Beim Betteln um Almosen auf der Straße, um zu überleben, wurde sie ständig von Polizeibeamten eingeschüchtert und konnte der Festnahme nur entgehen, wenn sie Geld hatte, um sie zu bestechen, oder wenn sie Mitleid mit ihrem Kind hatten. Da sie in besetzten Gebäuden wohnte, war sie auch den häufigen Polizeirazzien ausgesetzt, bei denen sie alle mit aufs Revier genommen wurden, wo man ihnen mit Abschiebung drohte, wenn sie es sich nicht leisten konnten, Schmiergeld zu zahlen. Ironischerweise verteidigte die Polizei sie aber auch mehrmals bei fremdenfeindlichen Übergriffen, indem sie ihnen auf ihrer Wache Schutz gewährten. Obwohl sie mit all diesen Widrigkeiten konfrontiert war, beharrte die junge Frau darauf, dass sie, was für Bedingungen sie auch immer erdulden müsse, wegen der politischen und ökonomischen Lage in Simbabwe keine andere Wahl habe, als in Südafrika zu bleiben. »Es ist schwer, hier zu leben, aber wir müssen damit fertigwerden«, schloss sie mit einem schiefen Lächeln. Auch wenn jede einzelne der Geschichten der Asylsuchenden und Migranten ohne gültige Papiere, die ich zu Dutzenden in den Dark Buildings aufzeichnete, einzigartig und singulär war, kehrten jedes Mal dieselben Themen wieder: politische Verfolgung und bittere Armut in ihren Heimatländern, die sie zum Weggehen zwangen; Bürokratieversagen und endemische Korruption in ihren Aufnahmeländern, die die Aussichten auf einen Flüchtlingsstatus zunichtemachten, während Polizeischikanen, wiederholte Festnahmen, Angst vor Abschiebung, drohende Pogrome, Ressourcenmangel und Unsicherheitsgefühle Asyl zu einem bloßen Wort machten.

Abgesehen vom unterschiedlichen historischen und politischen Kontext teilen die jungen Männer aus Syrien und die junge Frau aus Simbabwe in Johannesburg meiner Auffassung nach dieselbe Lebensform. Dabei handelt es sich um die Lebensform umherirrender Fremder, die ihr Heimatland verlassen haben, weil schon ihre physische Existenz in Gefahr war, und die von den Ländern, in denen sie Zuflucht gefunden haben, im Ungewissen gelassen werden, da sie keinen rechtlichen Status besitzen, ihre Anwesenheit aber noch toleriert wird. In

Frankreich werden sie »Flüchtlinge« oder »Migranten« genannt. Diese Unterscheidung hat formale Bedeutung, und es tobt ein heftiger Kampf um ihre Benennung, da Politiker zur Verwendung des Terminus »Migranten« neigen, um ihnen ihren Rechtsanspruch auf Schutz im Rahmen des Völkerrechts abzusprechen, während Aktivisten darauf bestehen, sie »Flüchtlinge« zu nennen, um ihren Anspruch auf ein solches Recht zu unterstreichen. Doch wie immer man sie auch nennt, sie leben in Notunterkünften auf einer Deponie und sind dennoch der Brutalität von Polizeibeamten ausgeliefert. In Südafrika bezeichnet man sie als »Asylsuchende« oder »illegale Ausländer«. Auch zwischen diesen beiden Benennungen besteht ein rechtlicher Unterschied, da denjenigen, denen Asyl und eine Aufenthaltserlaubnis gewährt wird, im Prinzip ein gewisser Schutz und gewisse Rechte sicher sind, die diejenigen, die nicht im Besitz solcher Papiere sind, nicht genießen. Doch was auch immer ihr Status ist, sie leben unter ähnlichen prekären Bedingungen und sind ununterbrochen staatlicher Gewalt und fremdenfeindlichen Übergriffen ausgesetzt.

Diese Kategorien sind nämlich höchst durchlässig, und Menschen können nicht nur von einem Status in einen anderen überwechseln, sondern auch die Vorstellungen, die andere, aber auch sie selbst von ihrem Status haben, sind höchst unterschiedlich. Ein Mann, der ganz Frankreich durchquert, mag bessere Aussichten haben, »Flüchtling« genannt zu werden, wenn er aus Eritrea kommt und nicht aus Mali, aber ist er erst einmal in Calais angekommen, wird er trotzdem wie ein Migrant behandelt werden, der in England nicht willkommen ist und deshalb daran gehindert wird, dorthin zu gelangen. Falls er sich schlussendlich dazu entschließt, den Schutz der französischen Regierung in Anspruch zu nehmen, wird er mehrere Monate lang zu einem Asylsuchenden, bevor er mit einer Wahrscheinlichkeit von drei zu vier in den Augen der Behörden zu einem Ausländer ohne gültige Papiere wird, wenn sein Antrag und seine Berufung erst einmal abgelehnt worden sind. Wie jede Frau aus Mosambik oder dem Kongo nur allzu gut weiß, wird eine Ausländerin in Südafrika von den Ortsansässigen und Beamten auf ganz ähnliche Weise schneller anhand ihres Aussehens und ihres Akzents identifiziert als anhand ihrer Papiere, und was immer ihr rechtlicher Status als Asylsuchende oder Migrantin ohne gültige Papiere auch sein mag, wird sie mit hoher Wahrscheinlichkeit in illegalen Unterkünften landen, einer Tätigkeit im informellen Sektor nachgehen, um zu überleben, von der Polizei bedrängt oder von Einheimischen überfallen werden und irgendwann schließlich die eigene Festnahme, Inhaftierung und womöglich Abschiebung erleben. Juristische und administrative Kategorien sind von daher sowohl wichtig als auch unbedeutend: Sie definieren einen Status oder das Fehlen eines Status, was potentiell erhebliche Auswirkungen auf das Recht hat, Schutz zu genießen oder schlicht und einfach nicht ausgewiesen zu werden, aber sie bewirken keine großen Unterschiede in Bezug auf die Art und Weise, wie die Betroffenen im Alltag von den Staatsbeamten und der allgemeinen Öffentlichkeit tatsächlich betrachtet und behandelt werden. Diese Männer und Frauen wissen nämlich manchmal selbst nicht, was ihr Status oder fehlender Status ist.

In welchem Sinne können wir aber dann von einer Lebensform sprechen, um die prekäre Konfiguration zu bezeichnen, die für die Flüchtlinge und Migranten im Dschungel von Calais und für die Asylsuchenden und illegalen Bewohner der Dark Buildings in Johannesburg charakteristisch ist? Nachzuweisen, was sie gemeinsam haben, genügt nicht. Man muss außerdem die Verwendung des Begriffs rechtfertigen. Das Zwangsnomadentum, das diese Männer und Frauen manchmal sogar mit ihren Kindern in Ungewissheit an den Rändern der Gesellschaft und des Staates leben lässt, ist in den drei oben ausgewiesenen Hinsichten als Lebensform analysierbar. Erstens ist diese Situation ein Sinnbild für die Dialektik von Allgemeinem und Besonderem. Was auch immer die genauen Umstände waren, die zu ihrem Weggang geführt haben – häufig eine Verquickung von Gefahr, Armut und Hoffnung –, und was immer die spezifischen, sich im Laufe der Zeit ändernden rechtlichen und politischen Verhältnisse in dem Land sind, in dem sie Zuflucht suchen: All diese Exilierten sehen sich einer vergleichbaren Ungewissheit in Bezug auf ihren Status und einer vergleichbaren Verletzlichkeit in Bezug auf ihre Lage gegenüber. Doch macht jede Gruppe mit ihrer Kultur und in ihrer Umgebung ihre ganz eigenen Erfahrungen, die ihren Mitgliedern unmittelbar einleuchten, anderen aber gleichzeitig größtenteils nicht vermittelbar sind. Man denke zum Beispiel an die Ähnlichkeit und Unterschiedlichkeit der Marginalitätserfahrungen von Roma und von afrikanischen Migranten in ihren jeweiligen Lagern in Italien. Zweitens unterstreicht diese Situation das Spannungsverhältnis zwischen dem Biologischen und dem Sozialen. Für diese Exilierten ist Überleben in erster Linie eine physische Frage, wobei der Beschaffung von Nahrung, einer Unterkunft und einem Minimum an Sicherheit Priorität eingeräumt wird. Doch diese elementaren Bedürfnisse lassen sich nur befriedigen, wenn sie eine Beziehung zu anderen Akteuren aufnehmen, ob es sich dabei nun um Sozialarbeiter, die Hilfe anbieten, oder um Polizisten handelt, die ihnen den Zugang zu Ressourcen verwehren. Das Einschließen von Flüchtlingen hinter Stacheldrahtzäunen, über die man Säcke mit Nahrungsmitteln wirft, wie in Ungarn, oder ihre Unterbringung in Auffanglagern, wo sie humanitäre Unterstützung erhalten, wie in Deutschland, macht den entscheidenden Unterschied anschaulich, ob man eine Person als Tier oder als Menschen behandelt. Drittens schließlich zeigt diese Lage, wie komplex das Zusammenspiel von Gesetz und Gesetzespraxis, von Staat und Individuum ist, da der rechtliche Status über das Bleiberecht im Land des Exils und über das Recht befindet, sogar Sozialleistungen erwarten zu können, während die Betroffenen schnell lernen, die rechtlichen Hürden zu umgehen oder sich zumindest auf sie einzustellen. Über die Regeln entscheiden nämlich uneingeschränkt die Behörden, obwohl das Maß an Aggressivität oder Wohlwollen, mit dem sie den Exilierten auferlegt werden, je nach Land und Zeitpunkt erheblich voneinander abweicht. Doch auch die Flüchtlinge und Migranten verfügen noch über einen gewissen Spielraum, in dessen Rahmen sie taktieren und die Regeln ausnutzen können.

Was der Begriff der Lebensform mithin ans Licht bringt – und was ihn zu einer einschlägigen Kategorie werden lässt, wenn man über diese menschlichen Erfahrungen nachdenkt –, ist die einzigartige Art und Weise, wie er den drei dialektischen Dimensionen Rechnung trägt. Insofern lässt er sich nicht unter Begriffe wie Lebensbedingungen, -erfahrung oder -weise subsumieren oder durch sie ersetzen. Doch er leistet mehr als das. Der Begriff erlaubt uns einerseits den Gedanken einer Verletzlichkeit, die sich nicht auf das bloße Leben reduzieren lässt, weil Lebensformen »Konfigurationen menschlicher Koexistenz« sind, wie Sandra Laugier schreibt, »deren Stoff aus Praktiken oder Handlungsinstanzen besteht, die sie hervorbringen und modifizieren«.[23] Sowohl auf Seiten der betroffenen Individuen als auch auf Seiten von deren Interaktionspartnern eröffnet sich ein Raum für potentielle Reaktionen, ob es sich dabei nun um Widerstand oder Resilienz, Mitgefühl oder Herablassung, Ironie oder Betrug, List oder Fürsorge handelt. Sogar unter den verheerenden Umständen, unter denen sie leben, finden die Flüchtlinge Lösungen für die Probleme, mit denen sie konfrontiert sind, sie handeln Arrangements mit ortsansässigen Akteuren aus, entwickeln Solidaritätsgefühle, malen sich die Zukunft aus – und versuchen, eine Form von normalem Leben wiederherzustellen. Andererseits ermöglicht der Begriff uns, die Vorstellung von der »Gefährdetheit des Lebens« wiederaufzugreifen, die für Judith Butler »auf einem Verständnis davon aufbaut, wie leicht ein Menschenleben« im Kontext von Gewalt und Krieg »ausgelöscht werden kann«.[24] Es besteht jedoch die Gefahr, dass man Gefährdetheit im Sinne von Prekärsein als universelle Erfahrung der Endlichkeit und damit Zerbrechlichkeit der menschlichen Existenz mit Prekarität als der spezifischen Lage derjenigen verwechselt, die Ungleichheit, Ungerechtigkeit, Verfolgung oder Stigmatisierung ausgesetzt sind. Ersterer liegen die biologischen Grenzen des bloßen Lebendigseins zugrunde, letzterer die sozialen Nöte, die mit spezifischen Lebensbedingungen verbunden sind. Beide Dimensionen hängen zusammen, da Prekarität eine bevorstehende Gefährdung präsenter

23 Sandra Laugier, »La vulnérabilité des formes de vie«, a. a. O.
24 Judith Butler, *Precarious Life. The Powers of Mourning and Violence,* London: Verso, 2004, bes. S. xvii-xviii ⟨dt.: *Gefährdetes Leben. Politische Essays* (Aus dem Englischen von Karin Wördemann), Frankfurt am Main: Suhrkamp Verlag, 2005, bes. S. 13 ff.⟩.

und unmittelbar wahrnehmbar machen kann, es ist aber äußerst wichtig, das Ethische vom Politischen zu unterscheiden, mit anderen Worten ersteres nicht auf Kosten des letzteren in den Vordergrund zu rücken. Denn alle Leben sind gefährdet, aber einige sehr viel stärker als andere.

Damit will ich keineswegs nahelegen, dass das Leben von Menschen auf der Flucht vor Gewalt und Verfolgung die einzige verletzliche und gefährdete Lebensform darstellt. In Bezug auf die transnationale Zirkulation der Menschen gibt es zum Beispiel noch eine weitere signifikante derartige Lebensform: die Lebensform der temporären Arbeitsmigranten, die, wie im Fall der philippinischen Frauen, die in den Vereinigten Arabischen Emiraten Hausarbeit verrichten, durch besondere Knebelverträge in den globalen kapitalistischen Markt eingebunden sind oder überhaupt keine Verträge haben, wie die Mexikaner, die in den Vereinigten Staaten auf Farmen arbeiten.[25] Auch diese Lebensform weist grenzübergreifend die Gemeinsamkeit auf, allgemein und besonders zu sein, mit physischen Risiken und sozialer Marginalität einherzugehen und durch Rechtskräfte bestimmt zu werden, obwohl sie praktischen Anpassungen unterliegt. Die hier nur angedeutete Parallelisierung von Arbeitsmigranten und Zwangsnomaden würde einen interessanten Vergleich erlauben, bei dem die Lebensform der zu Sklavenarbeit gezwungenen Ausgebeu-

25 Rhacel Parrenas, *Servants of Globalization. Migration and Domestic Work,* Stanford: Stanford University Press, 2001; Seth Holmes, *Fresh Fruit, Broken Bodies. Migrant Farmworkers in the United States,* Berkeley: University of California Press, 2013; Kristin Surak, »Guestworkers: A Taxonomy«, in: *The New Left Review,* 2013 (84), S. 84-102 ⟨dt. Teilabdruck unter dem Titel »Die Gastarbeiter«, in: *Merkur,* 773 (Oktober 2013), S. 1024-1035⟩.

teten der Lebensform der zu bloßem Ausgeschlossensein gezwungenen Unerwünschten gegenüberstünde. Von den hier gemeinten Lebensformen gibt es viele.

*

Die Idee der Lebensformen ist also aus verschiedenen – manche würden sagen: unvereinbaren – theoretischen Traditionen hervorgegangen, die zudem in den Kommentaren auf widersprüchliche Weise interpretiert werden. Die meisten Autoren optieren für eine Tradition und eine Interpretation und wissen häufig nicht, dass es alternative theoretische Modelle gibt. Bei meiner Erörterung von Wittgenstein, Canguilhem und Agamben habe ich mich bemüht, einen anderen Weg einzuschlagen: Ich habe nicht versucht, diese heterogenen Ansätze zu versöhnen, sondern ich habe sie einander eher gegenübergestellt. Die Spannungsverhältnisse, die sich aus dieser Gegenüberstellung ergaben – zwischen dem Allgemeinen und dem Besonderen, dem Biologischen und dem Sozialen, Gesetz und Gesetzespraxis – erzeugen drei Kraftfelder, mit deren Hilfe man neu über kollektive menschliche Erfahrungen nachdenken kann, die räumlich und zeitlich voneinander getrennt, aber Teil ähnlicher Lebensformen sind.

Um die heuristische Tragweite des auf diese Weise neu formulierten Begriffs zu demonstrieren, habe ich als Beispiel die Lebensformen von Zwangsnomaden herangezogen. Unabhängig davon, ob man sie als Ausländer ohne gültige Papiere, als Wirtschaftsmigranten, als Asylsuchende oder als Flüchtlinge betrachtet, leben so Abermillionen Menschen auf fünf Kontinenten: Guatemalteken in den Vereinigten Staaten, Bolivianer in Argentinien, Afghanen in Australien, Rohingya in Thailand,

Nordkoreaner in China, Somalier in Ägypten, Syrer in der Türkei, Palästinenser im Libanon, Roma in ganz Europa, um nur einige zu nennen. Wenn man ihre Anzahl auf diejenigen begrenzt, die in den Worten und nach den Statistiken des Hochkommissars der Vereinten Nationen für Flüchtlinge »aufgrund von Verfolgung, Konflikten, generalisierter Gewalt oder Menschenrechtsverletzungen als Zwangsvertriebene« gelten, beläuft sich ihre Zahl auf 65 Millionen Menschen, worin diejenigen, die infolge von Armut und Naturkatastrophen ein vergleichbares Schicksal erleiden, nicht enthalten sind. Nach der Bedrohung in oder der Ausweisung aus ihren Heimatländern wird ihnen klar, dass sie in dem Aufnahmeland, in dem sie Zuflucht gesucht haben, nicht erwünscht sind. Sie müssen sich mit den Widersprüchen einer Politik auseinandersetzen, die zwischen Zurückweisung und Schutz, brutaler Unterdrückung und vollkommener Gleichgültigkeit, Rechtsverweigerung und Rechtsgewährung, unbefristeter Haft ohne Regressansprüche und Duldung von humanitärer Hilfe hin und her schwankt. Sie suchen nach Sicherheit und enden in Lagern, Gefängnissen, Einöden oder ganz einfach auf der Straße. Und trotzdem ist ihre aktuelle Lage ihrer Meinung nach nicht so hoffnungslos wie die vorherige.

Wenn man von der Lebensform dieser heimatlosen und in ihren Aufnahmeländern nicht erwünschten Männer, Frauen und Kinder spricht, trägt man gemeinsamen menschlichen Erfahrungen ebenso Rechnung wie spezifischen kulturellen Kontexten, physischen Bedrohungen ebenso wie sozialer Gefährdung, Rechtsunsicherheiten ebenso wie praktischen Arrangements. Doch eine solche Lebensform sagt nicht nur etwas über diese Menschen aus, sie verrät auch viel über einen bestimmten Zustand der Welt. Denn sie resultiert aus dem Dilemma der heutigen Demokratien, die nicht in der Lage und häufig noch nicht einmal willens sind, den Prinzipien gerecht zu werden, auf denen ihre eigene Existenz beruht. Das Zusammentreffen massiver Vertreibungen von Bevölkerungsgruppen, die auf der Flucht vor Konflikten, Naturkatastrophen und Armut sind, und nicht weniger heftiger feindseliger Reaktionen auf sie, die von einer populistischen Politik der Angst geschürt werden, legt nahe, dass diese Lebensform in der nahen Zukunft weiter um sich greifen und in gewisser Weise zu einem Kennzeichen unserer Zeit werden wird. Doch die weit verbreitete Vorliebe für den Präsentismus sollte man trotzdem unbedingt vermeiden. Seit Beginn des 20. Jahrhunderts war Europa – um den Geltungsbereich der Analyse willkürlich einzugrenzen – mit mehreren Phasen erheblicher demographischer Verschiebungen konfrontiert: in den frühen 1920er Jahren nach dem Ersten Weltkrieg und der Russischen Revolution, was zur Schaffung des Internationalen Büros für Flüchtlinge führte; in den späten 1940er Jahren nach dem Zweiten Weltkrieg, was zur Ratifizierung der Genfer Flüchtlingskonvention führte.[26] Es ist bemerkenswert, wie häufig der Parallele zwischen diesen tragischen Momenten und der heutigen Krise ausgewichen wird.

In einem kurzen Aufsatz von 1943 mit dem Titel »Wir Flüchtlinge« hat Hannah Arendt die Erfahrung dieser Lebensform in der ersten Person anschaulich gemacht: »Wir wurden aus Deutschland vertrieben, weil wir Ju-

26 Michael Marrus, *The Unwanted. European Refugees form the First World War Through the Cold War* (1985), Philadelphia: Temple University Press, 2002 ⟨dt.: *Die Unerwünschten. Europäische Flüchtlinge im 20. Jahrhundert*, Berlin/Göttingen/Hamburg: Schwarze Risse, Rote Straße, VLA, 1999⟩.

den sind«, schreibt sie. »Doch kaum hatten wir die Grenze zu Frankreich passiert, da wurden wir zu ›boches‹ gemacht... bei Kriegsausbruch wurden wir trotzdem [...] interniert.«[27] Nach seinem Weggang aus Nazideutschland war dieses Schicksal auch Walter Benjamin beschieden. Zu Beginn des Zweiten Weltkriegs wurde er in einem französischen Lager interniert, nachdem er in Paris vorübergehend einen sicheren Hafen gefunden hatte. Auch seine sich der Intervention seiner Freunde bei den Behörden verdankende Freilassung gewährte ihm nur eine kurze Gnadenfrist, da die Besetzung Nordfrankreichs durch die Nazis ihn zwang, sich in den Süden zu begeben. Nachdem er mit Max Horkheimers Hilfe ein Visum für die Vereinigten Staaten bekommen hatte, machte er sich auf den Weg nach Spanien, nahm einen anstrengenden Fußmarsch durch die Pyrenäen mit drei weiteren Flüchtlingen auf sich und erreichte Portbou auf der anderen Seite der Grenze, wo ihn die spanische Polizei jedoch umgehend verhaftete und ihm mitteilte, dass er nach Frankreich zurückgeschickt werden würde. Und in dem Hotelzimmer, in dem er im Gewahrsam einer Wache festgehalten wurde, starb er – wahrscheinlich nach Einnahme einer hohen Dosis Morphium. In dem Manuskript, das er vermutlich auf seiner langen Reise durch Frankreich und seinem gefährlichen Marsch durch die Berge wie eine Kostbarkeit in seinem Koffer verwahrt hatte, dem berühmten Aufsatz »Über den Begriff der Geschichte«, hatte er ge-

27 Hannah Arendt, »We Refugees«, in: Marc Robinson (Hrsg.), *Altogether Elsewhere. Writers in Exile*, Boston: Faber and Faber, 1996, S. 110-119 ⟨dt.: »Wir Flüchtlinge«, in: dies., *Zur Zeit. Politische Essays* (Aus dem Englischen von Eike Geisel), Berlin: Rotbuch Verlag, 1986, S. 7-21, hier S. 15⟩, englische Erstveröffentlichung 1943.

schrieben: »Das Staunen darüber, daß die Dinge, die wir erleben, im zwanzigsten Jahrhundert ›noch‹ möglich sind, ist *kein* philosophisches. Es steht nicht am Anfang einer Erkenntnis, es sei denn der, daß die Vorstellung von Geschichte, aus der es stammt, nicht zu halten ist.«[28] Im Zuge seiner visionären Überlegungen interpretierte Benjamin Paul Klees berühmte, sich in seinem Besitz befindliche Zeichnung »Angelus Novus« als Darstellung des »Engels der Geschichte«, der unaufhaltsam in die Zukunft treibt und dabei eine »Katastrophe« hinter sich lässt, »die unablässig Trümmer auf Trümmer häuft«. Bemerkenswerterweise sind einige der Tatsachen und Ereignisse, mit denen er damals konfrontiert war, im 21. Jahrhundert »noch« möglich, und dem »Engel der Geschichte«, den er sich ausmalte, bleibt nichts anderes übrig, als die Lebensformen zu betrachten, die sie hervorbringen.

28 Walter Benjamin, »Über den Begriff der Geschichte«, in: ders., *Gesammelte Schriften*, Bd. I, 2 (Abhandlungen), Frankfurt am Main: Suhrkamp, 1974, S. 691-704, hier S. 697, deutsche Erstveröffentlichung 1950.

II
Ethik des Lebens

> Ich behaupte: Wenn man Leben als
> bloßes Gegenteil des Todes definiert,
> ist es kein Leben.
>
> Mahmoud Darwisch,
> *Almond Blossoms and Beyond*, 2009

Was macht ein gutes Leben aus? Wie soll man sich verhalten, wenn man solch ein gutes Leben führen möchte? Das Bewusstsein, dass ihre Existenz endlich ist, hat die Menschen lange über den Sinn des Lebens nachdenken lassen. Bei solchen Überlegungen, aus denen sich die Moralphilosophie mindestens seit Platon gespeist hat, geht es vornehmlich um ethische Fragen, wie etwa die Frage, was in Bezug auf das eigene Leben und manchmal auch in Bezug auf das Leben anderer gut, gerecht oder wichtig ist. Solche Fragestellungen sind untrennbar mit dem eben erörterten Problem der Lebensformen verwoben; denn da die empirischen Antworten auf diese ethischen Fragen offenkundig von Ort zu Ort und von Zeit zu Zeit, ja sogar von Person zu Person variieren, muss die Theorie entscheiden, ob es eine allgemeine normative Grundlage geben kann oder ob die Moralvorstellungen immer an die Kultur gebunden und historisch situiert sind.

Da die Beobachtung weit entfernter Gesellschaften mit Hilfe ganz unterschiedlicher Normen und Werte lange Zeit ihr Markenzeichen gewesen ist, während sie nachdrücklich ihre Absicht bekräftigten, sowohl aus epistemologischen als auch aus ideologischen Gründen Einblicke in die menschliche Einheitlichkeit gewinnen zu wollen, haben Anthropologen einen bedeutenden Beitrag zu diesen Überlegungen geleistet. Ihre Position schwankte in der Regel zwischen einem gutgemeinten Relativismus, der dazu diente, die anderen Kulturen wertzuschätzen und gleichzeitig den Überlegenheitsanspruch der eigenen Kultur zu kritisieren, und einem moralischen Engagement, das von der Verurteilung lokaler Praktiken bis zur Brandmarkung von Mängeln in der eigenen Gesellschaft reichte. Das wachsende Interesse an Ethik nicht nur in der ethnographischen Praxis, sondern auch als Untersuchungsgegenstand, kann man zum Teil als Reaktion auf diese uneindeutige Positionierung interpretieren.

In Fortsetzung meines Dialogs zwischen Philosophie und Anthropologie werde ich zunächst die Diskussion untersuchen, die in beiden Fächern zwischen zwei gegenläufigen Sichtweisen geführt wird: ob nämlich ein ethisches Leben, wie manche meinen, durch entweder allgemeine oder lokale Prinzipien definiert ist, die dem Individuum äußerlich sind, oder ob es, wie andere meinen, das Produkt eines internen, entweder subjektiv oder intersubjektiv vollzogenen Selbstverwirklichungsprozesses ist. Da diese verschiedenen Ansätze meiner Ansicht nach dazu neigen, das Ethische als Substanz oder als Prozess getrennt von seiner historischen Konstruktion, seiner sozialen Einschreibung und seinen politischen Implikationen zu betrachten, werde ich vorschlagen, eine Begriffsverlagerung vom ethischen Leben zur Ethik des Lebens vorzunehmen, indem ich nicht danach frage, was ein gutes Leben ausmacht, sondern danach, wie das Leben selbst zu einem so hohen Gut wurde. Vor dem Hintergrund der Untersuchungen, die ich in den letzten beiden Jahrzehnten in Frankreich, in Südafrika und im Zusammenhang mit den Palästinensergebieten durchgeführt habe, werde ich erstens den Doppelaspekt von Sozialem und Politischem auf der einen sowie Biologischem und Physischem auf der anderen Seite analysieren, um den es in der Ethik des Lebens geht, um zu zeigen, inwiefern letzterer sich tendenziell gegen ersteren durchsetzt, und zweitens zwei tragische Bewährungsproben betrachten, vor die eine solche Ethik des Lebens gestellt werden kann: das Retten des Lebens von anderen und das Opfern des eigenen Lebens.

*

Nachdem er sie sein ganzes Leben lang sorgsam vermieden hatte, widmete Michel Foucault der moralischen Frage eine seiner letzten Schriften, und zwei Jahrzehnte später ist der zehnseitige dritte Teil seiner Einleitung zu *Der Gebrauch der Lüste* zum einflussreichsten Text der anthropologischen Ethik geworden.[1] Sowohl unter dem Einfluss von Nietzsche, auf den er sich berief, als auch von Marx, den er verleugnete, hatte Foucault der Moral nämlich lange Zeit misstraut; von Ersterem hatte er die Infragestellung ihrer jüdisch-christlichen Grundlage übernommen und von Letzterem die Brandmarkung ihres bürgerlichen Ursprungs. Außerdem enthielten seine eigenen, in früheren Werken ausgearbeiteten archäologischen und genealogischen Projekte eine Kritik an der

1 Michel Foucault, *Sexualität und Wahrheit*, Bd. 2: *Der Gebrauch der Lüste* (Aus dem Französischen von Ulrich Raulff und Walter Seitter), Frankfurt am Main: Suhrkamp Verlag, 1986, bes. S. 36-45, französische Erstausgabe 1984.

Verfassung des modernen Subjekts, der zufolge Moral aus einem Ensemble von Konventionen zu bestehen schien, das dem Individuum in einem Spiel von Wissen und Macht aufgezwungen wurde. Er hatte sich also denkbar weit von der Moralphilosophie entfernt, und zwar aus Gründen, die denjenigen nicht ganz unähnlich waren, die sie auch den Begründern der Frankfurter Schule verdächtig gemacht hatte. So gab das Fehlen von »Materialismus und Moral« unter den Aufsätzen, die Max Horkheimer für den Sammelband mit dem Titel *Kritische Theorie* auswählte – in dessen Eingangssatz es heißt, »ein Autor solle jeweils nur Gedanken publizieren, zu denen ohne Rückhalt er zu stehen vermag« –, die Schwierigkeit zu erkennen, mit der für ihn und seine Mitstreiter die Befürwortung von, ja sogar Würdigung der Moralphilosophie verbunden war.[2] Doch was den frühen Foucault anbelangt, war in seinen Augen nicht bloß die Moral ein Problem, sondern jede Art von Gegenstand, der sich auf ein freies souveränes Agens berufen würde, und vor allem jede Art von normativem Denken, in dem seiner Ansicht nach eine moralische Autorität zum Ausdruck kam. Genau dies hat Jürgen Habermas ihm vorgeworfen: das Fehlen von normativen Grundlagen oder vielmehr das, was Habermas als Foucaults Leugnen des eigenen »Kryptonormativismus« betrachtete.[3] Was man

2 Max Horkheimer, *Critical Theory. Selected Essays*, New York: Seabury Press, 1972 ⟨In der zweibändigen deutschen Ausgabe *Kritische Theorie* (Frankfurt am Main: S. Fischer Verlag, 1968) ist der Aufsatz allerdings enthalten⟩; John Torpey, »Ethics and Critical Theory. From Horkheimer to Habermas«, in: *Telos. Critical Theory of the Contemporary*, 21. September 1986, S. 68-84.

3 Jürgen Habermas, *Der philosophische Diskurs der Moderne. Zwölf Vorlesungen*, Frankfurt am Main: Suhrkamp Verlag, 1985, bes. S. 279-343; Matthew King, »Clarifying the Foucault-Haber-

auch immer über die Stichhaltigkeit dieser Kritik denken mag, ist doch klar, dass sie nur die archäologische und die genealogische Phase, das heißt Foucaults Arbeit bis in die späten 1970er Jahre betrifft.

In den acht Jahren zwischen dem Erscheinen des ersten Bandes von *Sexualität und Wahrheit* und der Veröffentlichung des zweiten und dritten Bandes kommt es nämlich zu einer radikalen Umkehr, die häufig als Foucaults »ethische Wende« bezeichnet wird. Insbesondere von seiner Untersuchung der »Hermeneutik des Subjekts« an wird die Ethik zum Hauptgegenstand seiner letzten Vorlesungsreihe am Collège de France.[4] Doch erst in dem späteren Text »Moral und Selbstpraktik« erfolgt eine Erklärung und Einordnung seiner Hinwendung zur Ethik. Es gebe drei Weisen, schreibt Foucault, wie man Moral betrachten könne: als »Moralcode«, der aus dem »Ensemble von Werten und Handlungsregeln« bestehe, »die den Individuen und Gruppen mittels diverser Vorschreibapparate« – wie etwa der Familie, der Schule, der Religion – »vorgesetzt werden«; als »Moralverhalten«, das für die »Art und Weise« stehe, wie »die

mas Debate. Morality, Ethics, and ›Normative Foundations‹«, in: *Philosophy and Social Criticism*, 2009, 35 (3), S. 287-314.

4 Michel Foucault, *Hermeneutik des Subjekts. Vorlesungen am Collège de France 1981/82* (Aus dem Französischen von Ulrike Bokelmann), Frankfurt am Main: Suhrkamp Verlag, 2004, französische Erstausgabe 2001; *Die Regierung des Selbst und der anderen. Vorlesungen am Collège de France 1982/83* (Aus dem Französischen von Jürgen Schröder), Frankfurt am Main: Suhrkamp Verlag, 2009, französische Erstausgabe 2001; *Der Mut zur Wahrheit. Die Regierung des Selbst und der anderen II. Vorlesungen am Collège de France 1983/84* (Aus dem Französischen von Jürgen Schröder), Berlin: Suhrkamp Verlag, 2010, französische Erstausgabe 2008.

Individuen […] sich mehr oder weniger vollständig einem Verhaltensgrundsatz unterwerfen, einem Verbot oder einer Vorschrift gehorchen oder widerstehen«, worin sowohl die Einhaltung als auch die Übertretung der Regeln und Werte kenntlich werde; und schließlich als Bildung eines »Moralsubjekts«, das sich auf »die Art und Weise, wie man sich führen und halten […] soll« beziehe bzw. genauer gesagt, auf die Art und Weise, »wie man sich selber als Moralsubjekt« durch diese Erfahrung des Sich-selber-Führens »konstituieren soll«. Dieses Triptychon wird von Foucault dann aber später reduziert auf das einfachere Diptychon von »Verhaltenscodes« auf der einen Seite, die den moralischen Normen entsprechen, die die Gesellschaft oder die Gruppe den Individuen aufzwingt, und den »Subjektivierungsformen« auf der anderen Seite, die sich auf die moralische Entwicklung der Subjekte durch die Ausübung ihrer Freiheit, ethisch zu handeln, beziehe. Die beiden Dimensionen schließen einander jedoch nicht aus, und Foucault versichert, dass zum Beispiel im christlichen Mittelalter »zum Code orientierte Moralen« und »zur Ethik orientierte Moralen« lange Zeit nebeneinander bestanden haben. Doch sowohl intellektuell als auch persönlich ist er offenkundig an dem zweiten Ansatz interessiert.

Der von Foucault festgestellte Dualismus ist in der Philosophie gewiss alles andere als neu. Der Gedanke, dass kategorische Imperative die Moral bestimmen, ist das Herzstück von Kants Pflichtethik, wohingegen die Vorstellung von persönlichen Anlagen, die den Individuen den Weg zu einem guten Leben weisen, im Zentrum von Aristoteles' Tugendethik steht. Zusammen mit dem Konsequentialismus bilden diese beiden Ethiken die Grundlage der abendländischen Moralphilosophie. Interessanterweise stellen sie auch die Basis der Herangehensweise an die Moral in den Sozialwissenschaften und insbesondere in der Anthropologie dar.[5] Unter dem Einfluss von Durkheims Interpretation der moralischen Tatsachen ist die Pflichtethik lange Zeit die nahezu ausschließliche Bezugsgröße für das Studium der Moral gewesen: Ziel war die Beschreibung und Analyse der moralischen Normen, die in bestimmten Gesellschaften gelten. Infolge einer eingehenden Lektüre von Foucaults Spätschriften über moralische Subjektivitäten ist erst vor kurzem eine neue Variante der Tugendethik ausgearbeitet worden: Jetzt geht es darum, der Bildung ethischer Subjekte durch die Ausübung ihres freien Willens oder einfach durch ihre gewöhnliche Lebensweise Rechnung zu tragen. Die erste Forschungsrichtung wird häufig als anthropologische Moral bezeichnet, die zweite als anthropologische Ethik.

Bei seinen systematischen Bemühungen, Moral zu definieren, folgt Durkheim ausdrücklich Kants Ethik, entsprechend seinem soziologischen Projekt entledigt er sie aber ihrer normativen Grundhaltung, wenn er versichert, er wolle die moralischen Tatsachen eher »erkunden und verstehen« als »beurteilen«.[6] Obwohl er die Obligation als »eines der ersten Merkmale der moralischen Regel« betrachtet, fügt er hinzu, dass »der Begriff der Pflicht keineswegs den der Moral« »erschöpf[e]«. Da-

5 Didier Fassin (Hrsg.), *Moral Anthropology. A Companion*, Malden: Wiley-Blackwell, 2012; bes. »Toward a Critical Moral Anthropology«, S. 1-17; Didier Fassin/Samuel Lézé (Hrsg.), *Moral Anthropology. A Critical Reader*, London: Routledge, 2014, bes. »The Moral Question in Anthropology«, S. 1-16.

6 Émile Durkheim, »Bestimmung der moralischen Tatsache«, in: ders., *Soziologie und Philosophie* (Aus dem Französischen von Eva Moldenhauer), Frankfurt am Main: Suhrkamp Verlag, 1970, S. 84-117, bes. S. 84-101, französische Erstveröffentlichung 1924.

mit wir uns nämlich zum »Agens« einer Handlung »machen können, muß sie [...] unsere Sensibilität ansprechen«, das heißt, ein »gewisses Erstrebenswertsein ist ein weiteres, nicht minder wesentliches Merkmal«. Nach Ansicht von Durkheim ist Moral also Pflicht plus Erstrebenswertsein. Da sie keinen »moralischen Zweck darstell[en]«, ist die Moral jedoch nicht in den Individuen anzutreffen. Sie liegt in der Gruppe, der sie angehören und letztendlich in der Gesellschaft, die »eine moralische Autorität ist«. Moral ist folglich konsubstantiell mit Gesellschaft. In diesem Sinne haben Anthropologen sich von Edward Westermarcks monumentalem, interkulturellen Verzeichnis »moralischer Ideen« von 1906 bis zu Signe Howells umfassender Sammlung »lokaler Moralen« von 1997 bemüht, die »Moralcodes« verschiedener Gesellschaften oder Gruppen zu ermitteln, das heißt das Ensemble von Regeln, Normen und Werten, die sie befolgen und unter Strafandrohung respektieren sollen.[7] Eine interessante Bereicherung dieses Ansatzes war die Einbeziehung der affektiven Dimension der Moral zum Beispiel in Lila Abu-Lughods Ethnographie der »verschleierten Gefühle« ägyptischer Beduininnen oder Joel Robbins' Untersuchung der »moralischen Pein« von Christen in Neuguinea.[8] Diese lange Zeit dominante Herangehensweise an die Moral, die deren kollektive Dimension unterstreicht, ist in den letzten beiden Jahr-

7 Edward Westermarck, *The Origin and Development of Moral Ideas,* 2 Bde., London: Macmillan, 1906; Signe Howell (Hrsg.), *The Ethnography of Moralities,* London: Routledge, 1997.

8 Lila Abu-Lughod, *Veiled Sentiments. Honor and Poetry in a Bedouin Society,* Berkeley: University of California Press, 1986; Joel Robbins, *Becoming Sinners. Christianity and Moral Torment in a Papua New Guinea Society,* Berkeley: University of California Press, 2004.

zehnten durch eine neue Spielart der Tugendethik in Frage gestellt worden.

Es gibt nämlich gute Gründe für die Annahme, dass Foucault die aristotelische und allgemeiner noch die Theorie der griechischen Moralphilosophen wiederbelebt, in deren Arbeiten er den Schlüssel für die »Selbstpraktiken« findet: So beziehe sich *enkrateia* »auf die Dynamik einer Beherrschung seiner durch sich und auf die dabei erforderte Anstrengung«.[9] Auf dieses Schrifttum geht seine Neuformulierung der Ethik als »ethische Arbeit« zurück, das heißt die aktive Umformung des Selbst zum »Subjekt seiner Lebensführung«, um sich auf eine bestimmte »Seinsweise« zuzubewegen, was er die »Teleologie des Moralsubjekts« nennt. Foucault zufolge hat die Ethik keine ob nun metaphysische oder psychologische Grundlage wie in der Metaethik, sie hat auch keine Maßstäbe, wie etwa Tugend, Pflicht oder Konsequenzen in der normativen Ethik. Sie liegt in sich abgeschlossen in der Bildung des Selbst vor. Von Talal Asads Aufsätzen über das mittelalterliche Christentum bis zu James Faubions Studie über den zeitgenössischen Millenarismus hat dieser Ansatz tiefen Einfluss auf die Anthropologie gehabt; Jarrett Zigon und James Laidlaw setzten ihn jeweils in Bezug zu Martin Heidegger und zu Alasdair Macintyre.[10] Aber Foucault ist nicht der ein-

9 Michel Foucault, *Sexualität und Wahrheit*, Bd. 2: *Der Gebrauch der Lüste*, a. a. O., bes. S. 37-43 und S. 84-87.

10 Talal Asad, *Genealogies of Religion. Discipline and Reasons of Power in Christianity and Islam*, Baltimore: Johns Hopkins University Press, 1993; James Faubion, *The Shadows and Lights of Waco. Millenialism Today*, Princeton: Princeton University Press, 2001; Jarrett Zigon, *›HIV is God's Blessing.‹ Rehabilitating Morality in Neoliberal Russia*, Berkeley: University of California Press, 2011; James Laidlaw, *The Subject of Virtue. An Anthropology of*

zige Philosoph, dessen Überlegungen dem florierenden Gebiet der anthropologischen Ethik zugrunde liegen, und die Religion ist nicht das einzige Gebiet, auf dem sich ethische Belange und Gesten ethnographisch nachweisen lassen. In dem Gebiet, das häufig als »Alltagsethik« bezeichnet wird, haben Veena Das in Indien und Michael Lambek in Mayotte eine eingehende Lektüre von zwei Ordinary-Language-Philosophen, Wittgenstein und Austin, vorgenommen in dem Bemühen, die Ethik im Alltag von Laien zu würdigen und zu rehabilitieren.[11] Letzten Endes liegt die Einheitlichkeit dieses Ansatzes in der Konzentration auf die ethische Erfülltheit des eigenen Lebens entweder durch langfristiges religiöses Engagement oder durch einfache irdische Taten.

Über die nicht unerheblichen begrifflichen Variationen hinaus, die innerhalb jedes Paradigmas bestehen, lässt sich durch eine einfache, aber keineswegs ungenaue Beschreibung der Theorielandschaft in der anthropologischen Forschung also eine Anthropologie der moralischen Systeme skizzieren, die vor allem an den sozialen Codes interessiert ist, die die Verhaltensweisen leiten, und eine Anthropologie der ethischen Subjekte, die ihr Hauptaugenmerk auf den Selbstverwirklichungsprozess der Individuen legt. So unterschiedlich sie auch sein mögen, teilen die anthropologische Moral und die anthropologische Ethik letztendlich jedoch die weitverbreitete Annahme, dass Moral oder Ethik – so wie ein Juwel aus

Ethics and Freedom, Cambridge: Cambridge University Press, 2014.

11 Veena Das, *Life and Words. Violence and the Descent into the Ordinary,* a. a. O.; Michael Lambek, *The Ethical Condition. Essays on Action, Person and Value,* Chicago: The University of Chicago Press, 2015.

dem Gestein der Mine herausgebrochen werden kann – entweder als moralische Substanz oder als ethischer Prozess getrennt von den anderen, ob nun strukturellen, ökonomischen oder politischen Aspekten des sozialen Lebens betrachtet werden können. Im Fall von Durkheim und seinen Anhängern besteht die paradoxe Behauptung darin, dass Moral als ein einzigartiges System spezifischer Regeln verstanden werden kann und gleichzeitig die Gesellschaft als Ganze die moralische Autorität ist, die über diese Regeln herrscht, dass Moral mit anderen Worten von der Gesellschaft abgelöst werden kann, obwohl sie koextensiv mit ihr ist. Im Fall von Foucault und seinen Schülern entkoppelt die Hermeneutik des Selbst die reflexive Übung von ihren sozialen Bedingungen der Möglichkeit, auch wenn sie seit ihren antiken Ursprüngen von Ungleichheiten in Bezug auf den Stand, das Geschlecht und die Herkunft geprägt gewesen ist. Im einen Fall liegt also die Moral in der Gesellschaft, wohingegen im anderen die Ethik vom Individuum ausgeht. Doch in beiden scheinen Moral und Ethik, ob man sie nun substantiell oder prozessual definiert, letztendlich von der sozialen Struktur, dem ökonomischen Bereich und dem politischen Gebiet abtrennbar zu sein. Zudem haben sie nur selten eine Geschichte. In Absetzung von diesem Standpunkt haben einige von uns hervorgehoben, dass »es keine moralische oder ethische Substanz gibt, die untersucht werden könnte«, dass »Ethik niemals rein oder absolut sein kann«, dass »sie sich nach den menschlichen Möglichkeiten richtet, unscharfe Grenzen hat, voller Zufälle und niemals ohne Emotionen ist« und dass sie schließlich »ein Teil des gemeinsam mit anderen gelebten Lebens ist und sich in der Interaktion und im Gespräch mit anderen und innerhalb eines bestimmten historischen, kulturellen und sozialen

Zusammenhangs eingespielt hat«.[12] Eine solche Behauptung ist weniger ein Postulat als das Ergebnis von Feldbeobachtungen. Die ethnographische Praxis macht nämlich eine Neuformulierung der Moral in Gestalt von moralischen Problemen und der Ethik in Gestalt von ethischen Fragen erforderlich und stellt deshalb die Entstehung von moralischen Tatsachen und die Rolle der sozialen Akteure in den Vordergrund.

Zwischen Moralphilosophie und Moralanthropologie besteht also eine bemerkenswerte Kontinuität, erstere gibt letzterer den theoretischen Rahmen vor. Sogar wenn jemand einen normativen Standpunkt in Bezug darauf einnimmt, was ein gutes Leben ausmachen sollte, während ein anderer eine deskriptive und analytische Perspektive auf das entwickelt, was es tatsächlich ist, kann man von beiden sagen, dass sie an dem interessiert sind, was Hegel, ob nun aus der Perspektive der Gesellschaft oder aus der Perspektive des Subjekts, »Sittlichkeit« im Sinne eines ethischen Lebens nennt.[13] In welchem Verhältnis steht diese Sittlichkeit zu den beiden bisher diskutierten Paradigmen? Mit dieser Frage befasst sich Axel Honneth am Ende von *Kampf um Anerkennung*.[14] In der Kantischen Tradition, schreibt er, ist mit Sittlichkeit »das jeweils eingelebte Ethos einer partikularen Lebenswelt gemeint, über das nur insofern normative Urteile

12 Michael Lambek/Veena Das/Didier Fassin/Webb Keane, *Four Lectures on Ethics. Anthropological Perspectives,* Chicago: Hau Books, 2015, bes. Vorwort S. 1-4.

13 Georg Wilhelm Friedrich Hegel, *Grundlinien der Philosophie des Rechts,* in: ders., *Gesammelte Werke,* Bd. 14, Hamburg: Felix Meiner Verlag, 2005, deutsche Erstausgabe 1820.

14 Axel Honneth, *Kampf um Anerkennung. Zur moralischen Grammatik sozialer Konflikte*, Frankfurt am Main: Suhrkamp Verlag, 1992, hier S. 275ff.

zu fällen sind, als es sich den Anforderungen jener allgemeinen Moralprinzipien zu nähern vermag«. In der auf die Antike zurückgehenden Tradition kehren die Autoren dagegen das Verhältnis von Moralität und Sittlichkeit um, »indem die Geltung der Moralprinzipien von den historisch sich wandelnden Auffassungen des guten Lebens [...] abhängig gemacht wird«. Im ersten Fall wird die Sittlichkeit abgewertet, weil sie gleichzeitig in lokalen Einstellungen wurzelt und allgemeinen Prinzipien untergeordnet ist. Im zweiten Fall wird die Sittlichkeit aufgewertet, da die Moral durch ihre verschiedenen Spielarten relativiert wird und Selbstverwirklichung zum ausschlaggebenden Kriterium für die Ethik wird. Im Bemühen, über diese Alternative hinauszugelangen und den ethnologischen Nachweis einer Vielzahl von kulturellen Lebensweisen mit dem philosophischen Streben nach allgemeinen moralischen Normen und Werten zu versöhnen, schlägt Honneth vor, dass »die strukturellen Elemente von Sittlichkeit [...] sich [...] von der Vielfalt aller besonderen Lebensformen normativ abheben lassen«. In seinen Augen sind solche Elemente nicht im Kantischen Prinzip individueller Autonomie anzutreffen, das impliziert, dass Menschen immer als Zwecke in sich selbst anzusehen sind, sondern im Anschluss an Hegels Theorie in den »intersubjektiven Bedingungen« ihrer Selbstverwirklichung, wie sie sich in der »Erfahrung von Anerkennung« finden lassen. Eine solche Erfahrung ist grundlegend, wie Honneth später in seiner Debatte mit Nancy Fraser darlegt, da man in Bezug auf soziale Gerechtigkeit den Problemen im Zusammenhang mit der Umverteilung durch die Frage der Anerkennung Rechnung tragen kann.[15] Seiner Ansicht nach ist dies

15 Nancy Fraser/Axel Honneth, *Umverteilung oder Anerkennung?*

nicht bloß eine theoretische Behauptung, sondern eine empirische Tatsache, die durch die Geschichte der sozialen Bewegungen verbrieft ist, in denen der Anspruch auf Würde der Forderung nach besseren materiellen Bedingungen vorangeht.

Honneths Neukonfiguration der beiden das Erbe der Moralphilosophie dominierenden Paradigmen hat zwei große Vorzüge für die Sozialwissenschaften: Sie füllt eine analytische Lücke und sie webt wieder am gesellschaftlichen Gefüge. Auf der einen Seite liefert die Betonung des Intersubjektiven das Glied, das zwischen den auf gesellschaftlicher Ebene ansetzenden Moralcodes und den auf individueller Ebene ansetzenden ethischen Subjektivitäten fehlt: In Überwindung der Alternative zwischen Außen und Innen eröffnet sich so eine interaktive Zwischenebene, auf der die Menschen ihre Mitmenschen anerkennen und im Gegenzug von ihnen anerkannt werden. Auf der anderen Seite bezieht die Interessenmobilisierung die konflikthafte Dimension der sozialen Welten ein, die in den Studien, die sich auf moralische Systeme oder ethische Subjekte konzentrieren, tendenziell keine Beachtung findet: Interessanterweise wird das Soziale innerhalb der Psychologie dingfest gemacht, über George Herbert Mead, und von dort aus anhand von Kategorien wie Selbstvertrauen, Selbstachtung und Selbstwertgefühl. Doch auch wenn die Wahl der intersubjektiven Ebene und die Privilegierung der Sozialpsychologie mit der von Honneth geltend gemachten normativen Perspektive kohärent sind, stoßen sie innerhalb des sozialwissenschaftlichen Interpretationsrahmens be-

Eine politisch-philosophische Kontroverse (Übersetzungen aus dem Englischen von Burkhardt Wolf), Frankfurt am Main: Suhrkamp Verlag, 2003.

sonders dann an ihre Grenzen, wenn man versucht, auch strukturelle sowie historische und politische Dimensionen in die Analyse einzubeziehen.

Diesbezüglich ist es aufschlussreich, dass innerhalb der Moralphilosophie und infolgedessen auch der Moralanthropologie die meisten Untersuchungen der Sittlichkeit die beiden Paradigmen der Pflichtethik und der Tugendethik in den Mittelpunkt stellen und den dritten großen Ansatz, nämlich den ethischen Konsequentialismus weitestgehend außer Acht lassen. Dies ist mit Sicherheit nicht ohne Bedeutung, denn diese Theorie, die sich für die Folgen des menschlichen Handelns interessiert, sondert Moralisches und Ethisches wenigstens von ihrer historischen Konstruktion, ihrer sozialen Einschreibung und ihren politischen Implikationen ab. Während Moral und Ethik im Rahmen der Durkheim'schen oder Foucault'schen Denkrichtungen als reine Gegenstände behandelt werden können, gelten sie innerhalb der konsequentialistischen Tradition nicht als reine Tatsachen, wie schon Max Weber implizit eingeräumt hat, als er zwischen einer prinzipientreuen Gesinnungsethik und einer pragmatischen Verantwortungsethik unterschied und genau deshalb für letztere optierte, weil er Menschen als verantwortlich für die voraussehbaren Folgen ihres Handelns ansah.[16] Bekanntlich wandte er sich aufgrund dieser ethischen Präferenz gegen diejenigen, die er während der Aufstände in Deutschland 1918/1919 »revolutionäre Sozialisten« nannte.

Doch mit wenigen Ausnahmen hat sich sowohl die philosophische als auch die anthropologische Literatur

16 Max Weber, »Politik als Beruf« (1919), in: ders., *Gesammelte Politische Schriften*, Tübingen: Verlag Mohr/Siebeck, 1958, S. 505-560.

der Ethik aus der Perspektive genähert, was ein gutes Leben ausmacht und wie es sich mit Hilfe guter Taten verwirklichen lässt. Worin das Gutsein des Lebens selbst besteht und wie es dazu gekommen ist, dass die Gesellschaften der Gegenwart das Leben als höchstes Gut betrachten, ist als solches nur selten behandelt worden. Indem ich eher von Ethik des Lebens als von ethischem Leben oder Sittlichkeit spreche, möchte ich die kaum untersuchte Frage des Werts und der Wertschätzung des Lebens sowie deren Implikationen erkunden. Eine solche Neuformulierung setzt eine ähnliche Neuausrichtung der ethischen Überlegungen zum Leben voraus, wie sie Nietzsches Schachzug in Bezug auf die Moral darstellte, als er schrieb, dass es für ihn »um den *Werth* der Moral« gehe.[17] Sie macht es möglich, die Ethik des Lebens als Brücke zwischen den Formen des Lebens und der Politik des Lebens zu nutzen. Um sie mit konkretem Inhalt zu füllen, werde ich Anschauungsmaterial aus den Untersuchungen heranziehen, die ich durchgeführt habe: zuerst über die Lage von Menschen, die in Frankreich und in Südafrika an lebensbedrohlichen Krankheiten leiden, und dann über das Spannungsverhältnis, das zwischen dem Retten des Lebens von anderen und dem Opfern des eigenen Lebens im Zusammenhang mit Palästina besteht.

*

17 Friedrich Nietzsche, *Zur Genealogie der Moral*, in: ders., *Sämtliche Werke, Kritische Studienausgabe*, Bd. 5, München: Deutscher Taschenbuchverlag, 1980, S. 245-412, hier S. 251 ⟨Vorrede, Aph. 5⟩, Erstveröffentlichung 1807.

Wie das übrige Westeuropa begann auch Frankreich Mitte der 1970er Jahre, seine Grenzen für Migranten zu schließen. Dies war die Folge sowohl von spezifischen Umständen – der Ölkrise und der sich daran anschließenden ökonomischen Rezession – als auch von strukturellen Veränderungen: Die Mechanisierung der Industrie führte zu einem geringeren Bedarf an ungelernten Arbeitskräften.[18] Ursprünglich bezogen sich die Beschränkungen auf die Arbeitsmigration, sie wurden aber bald auf die Familienzusammenführung und später auf die meisten Anlässe zum Zuzug ausgeweitet, auch auf die Ausbildung. Sogar Menschen, die jahrelang regulär in Frankreich gelebt hatten, waren betroffen, da ihre Aufenthaltserlaubnis unter Umständen nicht erneuert wurde, weil die Behörden die Beschäftigungslage in den entsprechenden Branchen geltend machten. Obwohl sie theoretisch unter ganz andere philosophische Prinzipien fielen, die in der Genfer Flüchtlingskonvention von 1951 definiert worden waren, gerieten auch Asylsuchende ins Visier dieser Politik, da gemeinhin behauptet wurde, dass viele von ihnen eigentlich Wirtschaftsmigranten seien, die sich den internationalen Schutz von Verfolgungsopfern zunutze machten. Binnen dreier Jahrzehnte fiel die Bewilligungsrate für einen Flüchtlingsstatus im Französischen Amt zum Schutz von Flüchtlingen und Staatenlosen von mehr als 90 Prozent auf weniger als 10 Prozent. Somit schienen sich nach und nach sämtliche Türen für Einwanderer aller Art zu schließen. Es gab jedoch eine Ausnahme von dieser anscheinend unerbittlichen Regel.

Humanitäre Gründe, wie sie offiziell genannt wurden, galten für Ausländer, deren Leben aufgrund eines ernst-

18 Ralph Schor, *Histoire de l'immigration en France de la fin du XIXe siècle à nos jours*, Paris: Armand Colin, 1996, bes. S. 248-284.

haften Gesundheitsproblems in Gefahr war, das in ihrem Heimatland nicht behandelt werden konnte.[19] Die Anerkennung dieses Rechts war das Ergebnis einer langen, von Menschenrechtsaktivisten und Aids-Patientenorganisationen geführten Kampagne gewesen, die verschiedene Stadien durchlaufen hatte: Anfangs wurde den örtlichen Beamten ein Ermessensspielraum gewährt, dann entschied eine konservative Regierung, dass es eine eingeschränkte Garantie, nicht abgeschoben zu werden, allerdings ohne Aussicht auf Regularisierung geben würde, und schließlich stimmte eine sozialistische Mehrheit im Parlament für ein vorläufiges Aufenthaltsrecht, das auch eine Arbeitserlaubnis und den freien Zugang zur Gesundheitsversorgung umfasste. Das Geltendmachen von humanitären Gründen war auf Anhieb von Erfolg gekrönt und wurde schon bald zu dem Weg, den Immigranten ohne gültige Papiere am häufigsten nutzten, um an Papiere zu kommen. 1997, ein Jahr, nachdem das Gesetz verabschiedet wurde, belief sich die Zahl der Personen, denen es erstmals zugutekam, auf 455. Als die Beantragung dieser Maßnahme im Jahr 2005 ihren Höhepunkt erreichte, hatte sich die Zahl auf 7737 erhöht, was einen 17-fachen Anstieg in weniger als einem Jahrzehnt bedeutet. Im selben Jahr gewährte das Französische Amt zum Schutz von Flüchtlingen und Staatenlosen 4184 Personen Asyl, während eine Rekordzahl von 55678 abgelehnt wurde.[20] Die Bewilligungsrate betrug

19 Didier Fassin, *La raison humanitaire. Une histoire morale du temps present*, Paris: Hautes-Études-Gallimard-Seuil, 2010.

20 Comité médical pour les exilés, *Rapport d'activité et d'observation 2006*, Kremlin-Bicêtre: Comede; Office Français de Protection des Réfugiés et des Apatrides ⟨Französisches Amt zum Schutz von Flüchtlingen und Staatenlosen⟩, *Rapport d'activité*

zu diesem Zeitpunkt 60 Prozent für Erstanträge, die humanitäre Gründe geltend machten, aber nur acht Prozent bei Anwärtern auf einen Flüchtlingsstatus in erster Instanz: Die Aussicht auf Regularisierung war also bei einer lebensbedrohlichen Krankheit sieben Mal höher als bei Verfolgung. Und selbstverständlich konnten sich die Behörden im ersten Fall auf medizinische Atteste stützen, wohingegen sie im zweiten Fall den Worten des Antragstellers trauen mussten – was sie nicht mehr taten.

Was diese Entwicklung der moralischen Einstellung gegenüber Einwanderern konkret für die Betroffenen bedeutete, möchte ich anhand des Falles einer jungen Frau aus Haiti veranschaulichen, die in den späten 1990er Jahren nach Frankreich kam. Die Schilderung, die sie mir von ihrer Geschichte gab, war auf tragische Weise banal. In der langen Zeit ziviler Unruhen, von denen das auf den Militärputsch in Haiti von 1991 folgende Jahrzehnt geprägt war, wurde ihr Vater, der ein politischer Gegner des Regimes gewesen war, von unbekannten Angreifern ermordet, und einige Monate später verschwand auch ihre Mutter. Als die junge Frau eines Tages gerade mit ihrem Freund alleine war, verschafften sich mehrere Männer Zutritt zu ihrem Haus und vergewaltigten sie. Aufgrund der unsicheren Zeiten wusste sie nicht, ob dies eine gezielte Operation oder ein zufälliger Überfall war. Nachdem sie sich kurz im Haus ihrer Tante von dem Übergriff erholt hatte, beschloss sie, das Land zu verlassen und, wie viele ihrer Landsleute, in Frankreich Asyl zu beantragen: Haitianer stellten damals am dritthäufigsten Anträge auf Flüchtlingsstatus, aber ihre Bewilli-

2005, Fontenay-sous Bois: Ofpra, 2006, ⟨https://ofpra.gouv.fr/sites/default/files/atoms/files/rapport_dactivite_2005.pdf⟩.

gungsrate gehörte zu den niedrigsten; sie betrug lediglich 3,3 Prozent und erreichte, wenn Berufung eingelegt wurde, 7,1 Prozent.[21] So wie bei 14 von 15 Anwärtern aus ihrem Land wurde ihr Asylantrag in erster und zweiter Instanz abgelehnt. Da sie nun ohne gültige Papiere war, versteckte sie sich bei ihrem Bruder. Aus Furcht, verhaftet und abgeschoben zu werden, wagte sie es nicht, das Haus zu verlassen und litt immer mehr unter der Isolation und unter Depressionen. Irgendwann verschlechterte sich auch ihr Gesundheitszustand, und ihr Partner, der sich in einer ähnlichen rechtlichen Grauzone befand, brachte sie ins Krankenhaus, wo bei ihr eine vollentwickelte Aids-Ansteckung diagnostiziert wurde. Als mutmaßliche Folge des sexuellen Missbrauchs, dem sie zum Opfer gefallen war, bestätigte die Infizierung nachträglich die von den Behörden bezweifelte Wahrhaftigkeit ihrer Schilderung. Dieses Mal beantragte sie eine vorläufige Aufenthaltserlaubnis unter Geltendmachung humanitärer Gründe. Im Unterschied zu ihrem Asylverfahren wurde sie – wie mehr als 90 Prozent der Menschen mit einem ähnlichen Krankheitsbild[22] – umgehend regularisiert. Nachdem sich ihr Gesundheitszustand durch die kostenlose Behandlung im Krankhaus verbessert hatte, kehrte sie schließlich in ihre Heimat zurück.

In jener Zeit wurden in Frankreich viele Asylsuchen-

21 Office Français de Protection des Réfugiés et des Apatrides (Französisches Amt zum Schutz von Flüchtlingen und Staatenlosen), *Rapport d'activité 2001*, Fontenay-sous Bois: Ofpra, 2006, ⟨https://ofpra.gouv.fr/sites/default/files/atoms/files/rapport_dactivite_2001.pdf⟩.

22 Dominique Delettre, *Le Maintien des étrangers pour raison médicale sur le territoire français,* Mémoire de Médecin Inspecteur de Santé Publique, Promotion 1998/2000, Rennes, ⟨http://documentation.ehesp.fr/memoires/1999/misp/delettre.pdf⟩.

de, deren Antrag vom Französischen Amt zum Schutz von Flüchtlingen und Staatenlosen und deren Berufung vom Asylgericht abgelehnt worden waren, von ihren Rechtsbeiständen, von den Menschenrechtsaktivisten, die ihnen halfen, oder sogar von wohlwollenden kleinen Staatsbeamten gefragt, ob sie nicht eine Krankheit hätten, die einen Anspruch auf Aufenthaltserlaubnis rechtfertigen könnte. Das war nur selten der Fall, und paradoxerweise machte sich, als sich herausstellte, dass auch diese letzte Option verwehrt war, damals unter den Migranten und ihren wohlmeinenden Helfern eine Art gemeinsame Enttäuschung breit, obwohl es bedeutete, dass die betroffenen Personen nicht an einer lebensbedrohlichen Erkrankung litten. Ein Ingenieur aus Kenia ohne gültige Papiere, der nach dem Ende seines Studiums mehrere Jahre lang illegal in Deutschland und Frankreich gelebt hatte und dem schließlich, nachdem bei ihm eine HIV-Infektion im fortgeschrittenen Stadium festgestellt worden war, eine vorläufige Aufenthaltserlaubnis gewährt wurde, war sich dieser Implikation sehr wohl bewusst, als er mir gegenüber traurig anmerkte: »Diese Krankheit bringt mich um, aber sie erlaubt mir auch zu leben.« Er wusste, dass er seinen prekären rechtlichen Status seinem schlechten Gesundheitszustand verdankte.

Die gegenläufige Entwicklung der Kurven von humanitären Gründen und Flüchtlingsstatus gibt eine Unterscheidung zu erkennen, die in den letzten beiden Jahrzehnten des 20. Jahrhunderts unter der Hand zwischen zwei Betrachtungsweisen des Lebens im Zusammenhang mit der Immigration getroffen wurde. Diese Unterscheidung spielt sich auf zwei Ebenen ab: in Bezug auf die Bedrohung des Lebens und in Bezug auf deren Nachweis. Was die Bedrohung anbelangt, ist Asyl eine Reaktion auf eine politische Gefahr, wohingegen Humanitarismus eine gefährliche Krankheit voraussetzt. Was den Nachweis anbelangt, fahnden Polizeibeamte nach biographischen Informationen, die staatlichen Schutz rechtfertigen, wohingegen Ärzte nach biologischen Beweisen suchen, die ein medizinisches Attest gewährleisten. Im Rückgang der Bewilligungsraten für Asylsuchende spiegelt sich die abnehmende Legitimität der politischen Bedrohung und ihres biographischem Nachweises: Polizeibeamte und Richter erwarten mittlerweile sogar schon medizinische Atteste, durch die die erlittene Verfolgung anhand von Narben am Körper oder psychischen Traumata nachgewiesen wird. Das Steigen der Regularisierungszahlen bei kranken Migranten macht dagegen die zunehmende Legitimität der Bedrohung durch Krankheit und ihres biologischem Nachweises deutlich: Letzterer gilt als belastbarer und erstere als unmittelbarer. Davon abgesehen, scheint Krankheit objektiv bzw. wertfrei zu sein: Sie steckt in den Zellen und Organen. Verfolgung setzt dagegen verschiedene Seiten und Werturteile voraus: Es geht dabei um Beweggründe und Ideologien. Die Institutionen der Aufnahmeländer fühlen sich wohler mit der vermeintlichen Neutralität der Ersteren als mit der vermuteten Parteilichkeit der Letzteren.

Dieser Wandel bei der moralischen Bewertung von Asylsuchenden und Migranten ohne gültige Papiere erfolgte allerdings erst vor relativ kurzer Zeit.[23] In den 1970er Jahren wurden Chilenen auf der Flucht vor der Diktatur Pinochets sehr viel lieber aufgenommen als Tschetschenen, die in den 2000er Jahren versuchten, dem Kadyrow-Regime zu entkommen, und den vietnamesi-

23 Didier Fassin, »Les économies morales revisitées«, in: *Annales. Histoire, Sciences sociales*, 2009, 64 (6), S. 1237-1266.

schen Boatpeople wurde vor 40 Jahren mehr Mitleid zuteil als heute den Schiffbrüchigen aus Somalia. Entsprechend werden humanitäre Gründe erst seit den 1990er Jahren geltend gemacht, als die ersten ausländischen Patienten regularisiert wurden, die an schweren Krankheiten litten. Es hat also innerhalb der Ethik des Lebens, genauer gesagt in Bezug auf die Qualität, die dem Leben von anderen zugestanden wird, eine Verlagerung stattgefunden. Diese lässt sich schematisch als Verlagerung vom Leben als einem sozialen Phänomen zum natürlichen Leben beschreiben – von einer politischen zu einer biologischen Qualifizierung für eine Aufenthaltserlaubnis.

Um ein solches Spannungsverhältnis zwischen zwei Anerkennungsformen ging es auch in einem ganz anderen Zusammenhang, nämlich in den frühen 2000er Jahren in Südafrika. Die Aids-Epidemie, die bis dahin das Land verschont zu haben schien, während sie in ganz Zentral- und Westafrika wütete, nahm in dieser Zeit eine noch nie dagewesene Größenordnung an.[24] Ein Achtel aller auf der Welt lebenden HIV-Infizierten stammte damals aus Südafrika. Ein Viertel der schwangeren Frauen in Südafrika war mit dem Virus infiziert. Demographische Prognosen sagten voraus, dass die Lebenserwartung bei Geburt innerhalb von nur zwei Jahrzehnten um 20 Jahre zurückgehen würde – eine Vorhersage, die später dahingehend präzisiert wurde, dass sie ausschließlich die schwarze Bevölkerung betraf.[25] Da Behandlungs-

24 Didier Fassin, *Quand les corps se souviennent. Expériences et politiques du sida en Afrique du Sud,* Paris: La Découverte, 2006.

25 Joint United Program on HIV/AIDS, *AIDS Epidemic Update: December 2000,* Genf: UNAIDS/WHO, 2000. ⟨http://data.unaids.org/publications/irc-pub05/aidsepidemicreport2000_en.pdf⟩; De-

möglichkeiten nicht zur Verfügung standen, liefen Millionen Einzelpersonen Gefahr, binnen kurzer Zeit zu sterben, was die gesamte Nation zu bedrohen schien, auch wenn pessimistische Prognosen eher das Schreckgespenst an die Wand malten, dass die afrikanische Mehrheit zur Minderheit werden könnte. Diese Situation war umso entsetzlicher, als dem Land gerade ein friedlicher Übergang vom Apartheidsregime zum demokratischen Leben gelungen war. Für viele schien Südafrika zu immerwährendem Elend verdammt zu sein. Diese epidemiologische Krise wurde zudem durch eine epistemologische Krise verschärft. Das Staatsoberhaupt und die Phalanx seiner Gesundheitsminister hatten in unglücklichen Stellungnahmen ihre Zweifel sowohl an der Rolle des Virus bei der Epidemie als auch an der Wirksamkeit und Unbedenklichkeit der antiretroviralen Medikamente bekundet. In ihren Augen war die Armut der Hauptgrund für die rasche Ausbreitung der Krankheit, und sie verlangten die Durchführung von mehr klinischen Studien, bevor sie diese Arzneimittel zur Prävention und zur Behandlung empfahlen. Unter dem Einfluss westlicher Wissenschaftler, die die vorherrschende Deutung der Epidemie schon mehr als ein Jahrzehnt lang bestritten hatten, vermischten sich diese ketzerischen Behauptungen mit Verschwörungstheorien, die durch die zeitgleiche Aufdeckung von tatsächlichen Komplotten Auftrieb erhielten, welche wiederum die weiße, an ihre rassische

partment of Health, National HIV and Syphilis Sero-Prevalence Survey in South Africa 2002, Pretoria: RSA, 2002, ⟨http://www.gov.za/sites/www.gov.za/files/hivsyphilis_0.pdf⟩; Rob Dorrington et al., The Impact of HIV/AIDS on Adult Mortality in South Africa, Cape Town: Medical Research Council, 2001, ⟨http://www.mrc.ac.za/bod/complete.pdf⟩.

Überlegenheit glaubende Regierung nur wenige Jahre zuvor im Rahmen der sogenannten chemischen und biologischen Kriegsführung ausgeheckt und teilweise sogar umgesetzt hatte. Bald war die Öffentlichkeit extrem polarisiert. Auf der einen Seite bezichtigten die Behörden die Pharmaindustrie, Schwarze als »Versuchskaninchen für den Rest der Welt« zu missbrauchen. Auf der anderen warfen Aktivisten der Regierung vor, dass Patienten starben; einige sprachen gar von einem »Holocaust an den Armen«. Hinter dieser Vorstellung eines Kampfes zwischen Heterodoxie und Orthodoxie verbarg sich jedoch eine tiefere Wahrheit, die keine Beachtung fand.

Eine Debatte an der Witwatersrand-Universität in Johannesburg, an der ich auf dem Höhepunkt der Auseinandersetzungen teilnahm, erlaubte mir ihre nähere Erkundung. Zwei allseits bekannte Persönlichkeiten sprachen nacheinander. Die erste war der charismatische Präsident der Treatment Action Campaign, einer Aktivistenorganisation, die für die Zugänglichkeit von antiretroviralen Medikamenten kämpfte und auf der Grundlage des in der Verfassung von 1996 garantierten Rechtekatalogs Klagen gegen die Regierung einreichte, in dem festgeschrieben steht, dass »jeder ein Recht auf Leben besitzt«. Am Schluss seiner gegen die Gesundheitsbehörde und ihre Vertreter auf der Konferenz gerichteten flammenden Rede erzählte er die Geschichte einer HIV-positiven Frau, die vor kurzem gestorben war und drei Kinder hinterlassen hatte, die bei ihrer Geburt mit dem Virus infiziert worden waren. Seiner Ansicht nach, schloss er, seien die Beamten der Gesundheitsbehörde »mitschuldig am Tod dieser Kinder«. Als Zweites sprach die Direktorin des nationalen Aids-Programms, eine Schwarzafrikanerin, die noch nie Verständnis für die ketzerischen Behauptungen geäußert hatte und in dem Ruf einer Beamtin stand, die sich voll für das öffentliche Gesundheitswesen einsetzte. Außer dem Druck, der von der heterodoxen Position ihres Präsidenten und ihres Ministers ausging, sagte sie, müsse sie noch mit »den Hinterlassenschaften der vorherigen Regierung« fertigwerden, das heißt mit einem auf der Basis von Rassentrennung strukturierten Gesundheitssystem, einer extremen Knappheit von ökonomischen Ressourcen und einem Mangel an fachkundigem Personal. Die von ihrem Vorgänger am Rednerpult vorgebrachten Anschuldigungen hatten sie sichtlich verletzt, und sie erklärte, dass sie täglich unter erheblichen Auflagen und größter Ungewissheit zwischen ganz verschiedenen Erfordernissen vermitteln müsse, unter denen »die Notwendigkeit«, die Patienten »auszuwählen«, die in den Genuss einer Behandlung kämen, »die größte Herausforderung« darstelle. Sie beschrieb die quälenden Dilemmata, denen sie sich bei der Entscheidung über solche Prioritäten gegenübersehe, versicherte aber, dass sie ihr Bestes gebe, um sie so gerecht sie nur könne zu handhaben. Es sei »eine Frage der Fairness«, fügte sie hinzu, bevor sie den Tränen nahe den Hörsaal verließ.

Sehr viel mehr als die aufsehenerregenden Dispute über die Ursachen der Epidemie, die von den Medien ausgeschlachtet und sogar noch geschürt wurden, machte die heftige Auseinandersetzung zwischen dem Aktivisten und der Beamtin deutlich, was für diejenigen, die mit der dramatischen Ausbreitung der Krankheit konfrontiert waren, wirklich auf dem Spiel stand. Es ging nicht um wahr oder falsch, wie gemeinhin behauptet wurde, sondern um zwei einander widerstreitende Wahrheiten; nicht um Moral oder ethische Versäumnisse, wie die Vorwürfe lauteten, sondern um zwei gegensätzliche Ethiken: Für Aktivisten und Ärzte stand die Annahme im Zentrum, dass jedes Leben zählt, und die Zeitungen waren voller Geschichten über Patienten, von denen es hieß, dass sie aufgrund fehlender Behandlungsmöglichkeiten sterben würden, und voller Bilder von Babys, die man angeblich hätte retten können, wenn ihre Mütter Medikamente erhalten hätten, die zu jener Zeit für Wunderheilmittel gehalten wurden. Die Umsetzungsschwierigkeiten, die Nebenwirkungen der Medikamente und die Probleme, die Mehrheit der Armen zu erreichen, wurden heruntergespielt. Für die Beamten der Gesundheitsbehörde und die Sozialentwicklungsexperten setzten die überkommenen Systemmängel Patienten einer unzureichenden Überwachung, iatrogenen Unfällen und vor allem einer enormen Ungleichverteilung der medizinischen Leistungen aus, während Grundbedürfnisse hinsichtlich der Ernährung oder des Wohnraums nicht befriedigt wurden. Ihrer Argumentation nach hatte das öffentliche Wohl Vorrang vor der Verlängerung einzelner Leben. Somit bestand für Erstere das höchste Gebot in der Bejahung des Wertes eines jeden Lebens und für Letztere in der Verteidigung der Gleichwertigkeit aller Leben. Dem Aktivisten-Führer von der Treatment Action Campaign war soziale Gerechtigkeit keineswegs egal: Er setzte sein eigenes Leben aufs Spiel, als er sich weigerte, Medikamente zu nehmen, solange ihre öffentliche Zugänglichkeit nicht gewährleistet war. Und der Gesundheitsbeamtin vom nationalen Aids-Programm fehlte es keineswegs an Mitgefühl: Sie beschrieb ihren Kampf als sich persönlich und beruflich für das Leben von Kindern einsetzende Mutter und Hebamme. Doch dahinter standen zwei grundlegende ethische Entscheidungen: Bei der einen wurde der geretteten Einzelperson oberste Priorität eingeräumt, die andere gab der fairen Güterallokation innerhalb der Gesamtbevölkerung den Vorrang. Im ersten Fall stand das Biologische im Vordergrund, im zweiten das Soziale. Schlussendlich setzte das Erstere sich gegen das Letztere durch, als antiretrovirale Medikamente über das öffentliche Gesundheitssystem verfügbar gemacht wurden, wovon mit Sicherheit viele Patienten profitierten, auch wenn die Behandlung, wie erwartet, nicht für alle gleichermaßen zugänglich war. Laut nationalen Umfragen hat sich die Ungleichheit mittlerweile erhöht: Ein Drittel der schwarzen Bevölkerung lebt von weniger als zwei Dollar am Tag, und ein Viertel der Menschen leidet Hunger, besonders in den ländlichen Gebieten.[26] Doch diese Tatsache rief sehr viel weniger nationales und internationales Engagement hervor, als es bei Aids der Fall war.

Die französische Einwanderungs- und Asylpolitik und die südafrikanischen Debatten über antiretrovirale Medikamente und das öffentliche Gesundheitswesen sind ein Sinnbild für das Vorhandensein zweier Zugangsweisen zum Leben: Die eine stellt die physische Existenz und die mit ihr verbundenen biologischen Aspekte in den Vordergrund; die andere hebt die sozialen Verhältnisse und die mit ihnen einhergehende politische Dimension hervor. In *Homo sacer* hat Giorgio Agamben bekanntlich vorgeschlagen, auf der Grundlage der beiden griechischen Wörter »*zoe*« als der »einfache[n] Tatsache des Lebens, die allen Lebewesen gemein ist«, und »*bios*« als der »Form oder Art und Weise des Lebens, die

26 Murray Leibbrandt/Laura Poswell/Pranushka Naidoo/Matthew Welch, »Measuring Recent Changes in South African Inequality and Poverty«, in: Haroon Bhorat/Ravi Kanbur (Hrsg.), *Poverty and Policy in Post-Apartheid South Africa*, Pretoria: HSRC Press, 2006, S. 95-142.

einem einzelnen oder einer Gruppe eigen ist«, zwei Bedeutungen des Lebens voneinander zu unterscheiden.[27] Im ersten Fall spricht er von »nacktem Leben« und im zweiten von »qualifiziertem Leben«. Doch eine solche Unterscheidung ist nur so lange von heuristischem Wert, wie man sie als Paradigma und nicht als realistische Darstellung der Wirklichkeit betrachtet und so lange man darunter nicht eine Beschreibung der Erfahrung der betroffenen Individuen, sondern der Art und Weise, wie sie behandelt werden, versteht. Diese Theorie ist zu häufig zu wörtlich interpretiert worden, als ob sie sagen wolle, dass das Leben des Flüchtlings oder des unheilbar kranken Patienten sich mit dem nackten Leben vergleichen ließe und darum seiner sozialen und politischen Dimension beraubt wäre. Da Agamben selbst es gegenüber dieser Interpretation an Eindeutigkeit fehlen lässt, ziehe ich dieser trennscharfen Dualität von *zoe* und *bios* das komplexe Wechselspiel und die ständige Neukonfiguration des Physisch-Biologischen und des Sozial-Politischen vor.

Die unterschiedliche Temporalität der beiden Fälle, die ich untersucht habe, macht das anschaulich: Aufeinanderfolge in der französischen Politik, die sich vom Politischen (Asyl) ins Biologische (Krankheit) verlagert hat; Gleichzeitigkeit in der südafrikanischen Debatte, in der Soziales (Gerechtigkeit) und Physisches (Behandlung) miteinander konkurrieren. Aber bezeichnenderweise dominiert in beiden Fällen das Physisch-Biologische über das Sozial-Politische. Während Foucault be-

27 Giorgio Agamben, *Homo sacer. Die souveräne Macht und das nackte Leben*, a. a. O., S. 11; ders., *Signatura Rerum. Zur Methode* (Aus dem Italienischen von Anton Schütz), Frankfurt am Main: Suhrkamp Verlag, 2009, bes. S. 11-39, italienische Erstausgabe 2009.

kanntlich das Aufkommen der Biomacht, der Macht über das Leben beschrieben hat, analysiere ich also den Aufstieg der Biolegitimität, der Legitimität des Lebens, das heißt die Anerkennung des Lebens als höchstes Gut, in dessen Namen das Handeln sich schlussendlich rechtfertigen lässt.[28] Doch das Leben, um das es dabei geht, ist vor allem anderen das physische und biologische Leben im Gegensatz zum sozialen und politischen Leben – und geht häufig auf dessen Kosten. In Frankreich schenkt man der Bedrohung des physischen Lebens des erkrankten Migranten anscheinend mehr Vertrauen als der Gefährdung des politischen Lebens des Asylsuchenden. In Südafrika scheint man die Gefahren für das biologische Leben des Aids-Patienten als unerträglicher zu empfinden als die Aussicht, dass es im sozialen Leben der Armen zu Ungerechtigkeiten kommt. In ihrer Untersuchung der Nachwehen des Super-GAUs von Tschernobyl zeigt Adriana Petryna, wie die Armen ihre sozialen Rechte nur mittels ihrer biologischen Verfassung wahrnehmen können und nur dann vollwertige ukrainische Staatsbürger werden, wenn sie gesundheitliche Auswirkungen nachweisen können. Sie formuliert es folgendermaßen: »Die geschädigte Biologie der Bevölkerung ist zur Grundlage sozialer Zugehörigkeit und zur Basis für den Anspruch auf Staatsbürgerschaft geworden«, und zwar nicht nur um eine finanzielle Entschädigung für die größten Gesundheitsprobleme zu erhalten, die die Katastrophe verursacht hat, sondern bezeichnenderweise um in den Genuss von Sozialhilfe zu kommen und über

28 Michel Foucault, *Sexualität und Wahrheit*, Bd. 1: *Der Wille zum Wissen* (Aus dem Französischen von Ulrich Raulff und Walter Seitter), Frankfurt am Main: Suhrkamp Verlag, 1977, bes. S. 167-171, französische Erstausgabe 1976.

die politische Verantwortung verhandeln zu können.[29] Eine ähnliche »biologische Staatsbürgerschaft« entsteht im Fall der Migranten, die in Frankreich eine Aufenthaltserlaubnis erhalten, weil sie an einer ernsthaften Krankheit leiden, und bei den Patienten, die in Südafrika zu Aktivisten ihres eigenen Krankheitsfalls werden.

Eine solche Reduktion des Lebens auf seine physische Erscheinungsform haben auch Walter Benjamin und Hannah Arendt festgestellt. In »Zur Kritik der Gewalt« erklärt Benjamin, »der Satz, daß Dasein höher als gerechtes Dasein stehe«, sei »[f]alsch und niedrig«, »wenn Dasein nichts als bloßes Leben bedeuten soll«, während Hannah Arendt in *Über die Revolution* die »politisch [...] verderblichste [...] Lehre der Moderne« brandmarkt, »daß das Leben der Güter höchstes und daß der Lebensprozeß der Gesellschaft Zweck und Ende aller Politik sei«.[30] Anders als bei diesen Autoren ist mein Punkt jedoch nicht normativ, sondern analytisch. Es geht mir nicht darum, die Vorrangstellung des »Lebens an sich« – des »bloßen Lebens«, wie Benjamin und Arendt es nennen – gegenüber der sozialen und politischen Dimension zu verurteilen, die die Menschen von den anderen Lebewesen unterscheidet, sondern darum, in ihr eine unleugbare Tatsache zu sehen, und dies ist umso wichtiger, weil diese Tatsache durch ihr Natürlichwerden unkenntlich wird. Das biologische und physische Leben hat nicht nur eine selbstverständliche materielle Präsenz,

29 Adriana Petryna, *Life Exposed. Biological Citizens after Chernobyl,* Princeton: Princeton University Press, 2002, bes. S. 5-7.

30 Walter Benjamin, »Zur Kritik der Gewalt«, in: ders., *Gesammelte Schriften*, Bd. II. 1, Frankfurt am Main: Suhrkamp Verlag, 1977, S. 179-203, hier S. 201, deutsche Erstveröffentlichung 1920; Hannah Arendt, *Über die Revolution* (1965), Neuausgabe München: Piper Verlag, 1974, bes. S. 79 und S. 142f.

die dem Sozialen und Politischen fehlt, sondern seine Gefährdung erregt Mitleid, zum Beispiel wenn Bilder von Flüchtlingen gezeigt werden, die beim Versuch, nach Europa zu gelangen, ertrunken sind, oder von afrikanischen Babys, die an tödlichen Krankheiten leiden, wohingegen die Bedrohung des Asylschutzes durch Hindernisse, die den Anwärtern an der Grenze in den Weg gelegt werden, oder die Ungleichheit in Bezug auf die Zugänglichkeit von Behandlungsmöglichkeiten, die durch ein versagendes Gesundheitssystem droht, nur selten solche Reaktionen hervorrufen. Eine kritische Herangehensweise besteht eben gerade in der deutlichen Herausarbeitung des doppelten Prozesses, der manche Dinge sichtbar und andere unsichtbar macht und in den vorliegenden Fällen Biolegimität in einen selbstverständlichen und unhinterfragbaren Faktor verwandelt, während soziale Gerechtigkeit und politischer Schutz ausgeblendet werden.

Worauf beruht die Biolegitimität? Sowohl Benjamin als auch Arendt zufolge ist die Lehre von der »Heiligkeit des Lebens«, wie es bei Ersterem heißt, und der Gedanke des Lebens als »der Güter höchstes«, wie Letztere es formuliert, ein modernes Überbleibsel der christlichen Tradition: »die letzte bloße Verirrung der geschwächten abendländischen Tradition, den Heiligen, den sie verlor, im kosmologisch Undurchdringlichen zu suchen«, schreibt Benjamin, und Arendt behauptet, »daß die neuzeitlichen Umstülpungen und Umkehrungen sich in einer durch das Christentum bestimmten Gesellschaft vollzogen, deren Grundüberzeugung von der Heiligkeit des Lebens die Säkularisierung und den Niedergang der christlichen Religion [...] intakt überlebt hat«.[31] Nach

31 Walter Benjamin, »Zur Kritik der Gewalt«, a. a. O., S. 202; Han-

dem gleichen Muster, wie man von politischer Theologie spricht, um den in der Politik der Gegenwart weiterhin verwendeten religiösen Begriffen Rechnung zu tragen, ist so eine ethische Theologie vorstellbar, welche die in der Ethik der Gegenwart weiterhin verwendeten religiösen Begriffe analysiert, so säkular sich diese auch geben mag.[32] Den Kern einer solchen ethischen Theologie würde die Wertschätzung des Lebens als höchstes Gut bilden, dessen Sinnbild das Opfer Jesu darstellt, der zur Errettung der Menschheit am Kreuz gestorben ist. Dass sich im Jahr 2003 34 in der größten ecuadorianischen Haftanstalt eingesperrte Gefangene dazu entschlossen, sich an hölzerne Kreuze nageln zu lassen, um gegen ihre widerrechtliche Inhaftierung auf unbestimmte Zeit und ohne Gerichtsurteil und gegen die fürchterlichen Haftbedingungen zu protestieren, denen sie ausgesetzt waren – darunter auch Erpressung und Folter –,[33] ist in dieser Hinsicht von Belang. Indem sie dieses grundlegende Kapitel des Christentums auf dramatische Weise nachstellten und dies in den Medien publik machten, setzten sie ihre ethische Theologie von der Heiligkeit des Lebens der ungerechten und grausamen Bestrafungspolitik des Staates entgegen. Da sie uneingeschränkt zur Fortsetzung ihres Protests bereit waren, bis es zu Gesetzesänderun-

nah Arendt, *The Human Condition* (1958), Chicago: The University of Chicago Press, 1998, S. 313 f. Hier zitiert nach Arendts eigener Übersetzung in *Vita activa oder Vom tätigen Leben*, a. a. O., S. 306.

32 Claude Lefort, »Permanence du théologico-politique«, in: ders., *Essais sur le politique. XIXe-XXe siècles*, Paris: Seuil, 1986, S. 251-300 (englische Übersetzung 1991).

33 Chris Garces, »The Cross Politics of Ecuador's Penal State«, in: *Cultural Anthropology*, 2010, 25 (3), S. 459-496.

gen kam, hatte ihre mutige und verstörende Geste eine altruistische Dimension.

Das Retten des Lebens von anderen und das Opfern des eigenen Lebens sind nämlich zwei Ausprägungen der Biolegitimität. Sie stehen im Zentrum des gegenwärtigen Dilemmas von Humanitarismus und Märtyrertum in den besetzten palästinensischen Gebieten.

*

Die jüngste Entwicklung des Humanitarismus ist nämlich ein besonders signifikanter Beleg für das Voranschreiten der Biolegitimität.[34] Auch wenn gewöhnlich davon ausgegangen wird, dass in Großbritannien, Frankreich und den Vereinigten Staaten die Bewegung, die Sklaverei und Sklavenhandel ein Ende gesetzt hat, der Abolitionismus, das erste humanitäre Anliegen gewesen ist, leitete das Aufkommen humanitärer Organisationen Ende des 19. Jahrhunderts mit der Entstehung des Roten Kreuzes und dessen Wiederbelebung durch die Gründung von »Ärzte ohne Grenzen« hundert Jahre später einen grundlegenden Wandel in der Geschichte des Humanitarismus ein: Von der Schlacht von Solferino im ersten bis zum Biafrakrieg im zweiten Fall besteht das neue Credo im Retten von Leben, ob nun von Soldaten oder von Zivilisten. Der Hauptunterschied zwischen den beiden Erscheinungsformen des Humanitarismus liegt also darin, dass der Schwerpunkt von den Rechten auf die Bedürfnisse verlagert wurde, das heißt vom sozialen und politischen Leben – der Sklaven, die befreit werden müssen – auf das physische und biologische Leben der

34 Didier Fassin, »Humanitarianism as a Politics of Life«, in: *Public Culture,* 2007, 19 (3), S. 499-520.

Opfer, die gerettet werden müssen. Der frühere Präsident von Ärzte ohne Grenzen hat das folgendermaßen formuliert: »Humanitäre Hilfe kann der Auslöschung eines Teils der Menschheit immer noch durch die Beispielhaftigkeit einer Lebenskunst entgegentreten, die auf der uneingeschränkten Bereitschaft beruht, den vom Tode bedrohten Menschen die Unterstützung anzubieten, die sie zum Überleben benötigen.«[35] Einer der prominentesten Moralphilosophen in den Vereinigten Staaten hat das für Laien in eine einfachere Sprache übersetzt: »Dass Menschen wegen eines Mangels an Nahrung, Unterkunft und medizinischer Versorgung leiden oder gar sterben müssen, ist schlimm. Wenn es in unserer Macht steht, etwas Schlimmes zu verhindern, ohne ein annähernd so bedeutendes Opfer bringen zu müssen, dann ist es verwerflich, dies nicht zu tun. Wenn man Hilfsorganisationen Geld spendet, kann man das Leiden verhindern, das durch einen Mangel an Nahrung, Unterkunft oder medizinischer Versorgung verursacht wird, ohne dass man sich selbst diesem Mangel aussetzt. Wer kein Geld an Hilfsorganisationen spendet, handelt falsch.«[36] Dies sind sicherlich extreme Formen der Reduzierung des Humanitarismus auf das bloße Retten von Leben, und innerhalb der humanitären Bewegung würden viele neben den bloßen Bedürfnissen gerne noch die Menschenrechte einbeziehen, wie das Motto der Ärzte der

35 Jean-Hervé Bradol, »L'ordre international cannibale et l'action humanitaire«, in: Fabrice Weissman (Hrsg.), *A l'ombre des guerres justes,* Paris: Flammarion, 2003, S. 13-32.

36 Peter Singer, *The Life you Can Save. Acting Now to End World Poverty,* New York: Random House, 2009, hier S. 15f. ⟨dt.: *Leben retten. Wie sich Armut abschaffen lässt und warum wir es nicht tun* (Aus dem Amerikanischen von Olaf Kanter), Zürich/Hamburg: Arche Literatur Verlag, 2010, hier S. 30⟩.

Welt anschaulich macht: »Wir behandeln alle Leiden, sogar Ungerechtigkeit«. Doch der primäre Sinn und Zweck solcher Organisationen bleibt das Vorhandensein von Leben, die durch Kriege, Hungersnöte, Naturkatastrophen oder Epidemien gefährdet sind. Deshalb stellen sie das physische und biologische Leben derjenigen in den Vordergrund, die von solchen Nöten betroffen sind. Und eine solche Hervorhebung ist nicht nur privaten Akteuren vorbehalten. Sie ist Teil der gegenwärtigen »Global Governance«, wie Mark Duffield es nennt.[37] In der heutigen Welt gibt es wahrscheinlich keine höhere Rechtfertigung für das Ergreifen von Maßnahmen im Rahmen der internationalen Beziehungen als das Retten von Leben. Es bildet das Fundament des häufig als R2P (*Responsibility to Protect*) bezeichneten Prinzips der Schutzverantwortung, das 2005 von den Vereinten Nationen verabschiedet und offiziell erstmals im Jahr 2011 von Frankreich und Großbritannien geltend gemacht wurde, um Libyen angreifen zu können. Obwohl auf militärische Interventionen zu humanitären Zwecken nur als Ultima Ratio zurückgegriffen werden soll, wenn alle diplomatischen Verhandlungen und Wirtschaftssanktionen versagt haben, zeigt die neue internationale Norm an, wie weit die Staaten im Namen der Notwendigkeit, Leben zu retten, zu gehen bereit sind.

Der Humanitarismus ist jedoch nicht immer mit Situationen konfrontiert, in denen sein Eingreifen einen eindeutigen Unterschied in Anbetracht der geretteten Leben ausmachen kann. Die Palästinensergebiete stehen in dieser Hinsicht für eine atypische Situation: Dort müssen keine Menschen gerettet werden, zum einen, weil

37 Mark Duffield, *Global Governance and the New Wars. The Merging of Development and Security*, London: Zed Books, 2001.

die Besetzung durch Israel und die Unterdrückung der Palästinenser mit Ausnahme brutaler, aber kurzer Militäroperationen relativ wenige Todesopfer fordern, und zum anderen, weil die Verwundeten und Kranken in der Regel in einer der medizinischen Einrichtungen vor Ort von fachkundigem Pflegepersonal behandelt werden können. Das Hauptziel der humanitären Hilfe entfällt damit. Doch neben dem für Flüchtlinge zuständigen Hilfswerk der Vereinten Nationen, UNRWA, sind verschiedene Nichtregierungsorganisationen, zu denen auch die Ärzte ohne Grenzen und Ärzte der Welt gehören, seit langem in den Palästinensergebieten präsent. Eine der wichtigen humanitären Nischen, die sie sich in den letzten zwei Jahrzehnten erschlossen haben, betrifft die psychische Gesundheit. Traumata und ihre unter dem Namen Posttraumatische Belastungsstörung bzw. PTBS bekannten klinischen Erscheinungsformen, die in den 1980er Jahren in die internationale Nosographie aufgenommen wurden, sind dabei die beiden jeweils für den Alltags- und den psychiatrischen Sachverstand einschlägigen Begriffe.[38] Als potentielle Folgen des Erlebens von gewaltförmigen Ereignissen spielen sie mittlerweile eine wichtige Rolle sowohl bei der medizinischen Versorgung als auch in den öffentlichen Zeugnissen, besonders seit der Zweiten Intifada. Das psychische Leben dient dabei als Ersatz für das physische Leben und das soziale Leben. Zum einen rechtfertigt es die Präsenz von Helfern vor Ort und zum anderen liefert es einen öffentlichen Nachweis für das erlittene Leid. Das Trauma gilt als klinischer Signifikant und zugleich als moralisches

38 Didier Fassin, »The Humanitarian Politics of Testimony: Subjectification through Trauma in the Israeli-Palestinian Conflict«, in: *Cultural Anthropology*, 2008, 23 (3), S. 531-558.

Signifikat von Gewalt. Doch wie die von mir durchgeführten Untersuchungen gezeigt haben, ist es uneingeschränkt weder das eine noch das andere. Aufgrund der prekären Umstände ihres Eingreifens ist es den Fachärzten für psychische Gesundheit nicht möglich, ihre Patienten wirksam zu behandeln; und sie sind auch nicht in der Lage, die Kausalverknüpfung zwischen den Symptomen, die sie feststellen, und der Unterdrückung, die sie brandmarken möchten, zu bestätigen, weil Traumata häufig komplexe und zutiefst persönliche Ursachen haben.

Doch was steht unter diesen schwierigen Umständen dann in ethischer Hinsicht für die humanitären Helfer auf dem Spiel? Da es an Menschen, die gerettet werden müssen, ja sogar an Möglichkeiten fehlt, die physischen und psychologischen Folgen der Besatzung zu behandeln, rechtfertigt sich ihre Präsenz über die unmittelbare Solidaritätsbekundung hinaus durch die Vorstellung, dass sie vor einem weltweiten Publikum von der Lage der Palästinenser Zeugnis ablegen. Sie verfassen vor allem Berichte und Chroniken mit Kurzbiographien und bruchstückhaften Schilderungen und versuchen, mit Hilfe von psychiatrischen Kategorien und medizinischen Instrumenten ein Gefühl für die Erfahrungen der Palästinenser zu vermitteln.[39] Doch ihre Zeugenschaft hat zwei gravierende Nachteile. Erstens tilgt die Konzentration auf das Trauma und allgemeiner noch auf die Geschichten von Einzelpersonen den breiteren historischen Hintergrund, während die klinische Interpretation und phänomenologische Beschreibung von Einzelfällen die zu-

39 Ärzte ohne Grenzen, »Trapped by War«, in: *Palestinian Chronicles,* Juli 2002; Ärzte der Welt, *Les Civils israéliens et palestiniens victimes d'un conflit sans fin,* Report, 2003.

grunde liegenden sozialen Verhältnisse aus den Augen verliert. Dieses Verschwimmen der historischen und sozialen Dimension wird besonders deutlich, wenn die psychologische Trauma-Diagnose auf Israelis ausgeweitet wird, die entweder im wirklichen Leben oder durch Fernsehbilder Zeugen von Angriffen geworden sind, weil so zwischen Unterdrückern und Unterdrückten ein Leidensgleichgewicht entsteht, das ihre strukturellen Unterschiede verdeckt. Dass die Palästinenser prinzipiell als Opfer des Konflikts dastehen, untergräbt zweitens die Bemühungen derjenigen, die ihr Anliegen als einen Kampf darstellen möchten. Die psychologische Rede von Resilienz tritt an die Stelle der politischen Sprache des Widerstands. Wenn Steinewerfer sich als traumatisierte Jugendliche entpuppen, vermittelt das der Welt wahrscheinlich ein konsensfähigeres Bild derjenigen, die von israelischen Politikern als militante Kämpfer oder Terroristen bezeichnet werden, es ändert aber auch die Bedeutung ihres Aufbegehrens erheblich. Mit anderen Worten ist schon das Projekt einer Ethik des Lebens, die über das bloße physische Lebendigsein hinausgehen würde, um der sozialen Dimension des Lebens unter einer Besatzung Rechnung zu tragen, mit seiner eigenen Widersprüchlichkeit konfrontiert, da es seine Legitimität eben gerade aus dem medizinischen Sachverstand derer bezieht, die anstelle der Palästinenser sprechen. Von daher ist es keine Überraschung, dass der Humanitarismus genauso wie der Menschenrechtsdiskurs in den Palästinensergebieten häufig unter denjenigen, die er eigentlich unterstützen soll, Misstrauen und Zynismus hervorruft.[40] Stärker als bei seinen traditionellen Betätigungsfeldern stößt er hier an seine Grenzen.

40 Lori Allen, *The Rise and Fall of Human Rights. Cynicism and Po-*

Doch die Ethik des Lebens steht noch vor sehr viel beunruhigenderen Herausforderungen, und zwar aufgrund einer anderen Art von Zeugenschaft: nämlich der von Märtyrern. Der altgriechische Ausdruck *martus* bedeutet Zeuge und wurde im Neuen Testament für die Christen verwendet, die verfolgt wurden, wenn sie Zeugnis von ihrem Glauben ablegten. Das arabische Wort *shahid* im Koran hat dieselbe Bedeutung. In beiden Fällen wird das Opfer des irdischen Lebens mit der im Leben nach dem Tode gewährten Glückseligkeit belohnt. In Palästina ist jeder ein Märtyrer, der entweder durch aktiven Widerstand gegen den Besatzer oder im passiven Ertragen der Folgen der Besatzung stirbt. Die ethische Herausforderung betrifft ausschließlich die erste Situation, insbesondere sich gegen Israelis richtende Selbstmordattentate. Diese Attentate sind fast einstimmig nicht nur von Israel und seinen Verbündeten, sondern auch von den palästinensischen Behörden selbst verurteilt worden. Sie wurden als Rechtfertigungsgrund für Vergeltungsmaßnahmen gegen die palästinensische Bevölkerung genannt, zu denen auch Militäroperationen gehörten, und diese Rechtfertigung ist von den meisten westlichen Ländern als ein legitimer Gegenschlag des Staates Israel akzeptiert worden, was seine menschlichen Kosten auch sein würden. Es ist verführerisch, diesen Konsens im Hinblick auf solche bewaffneten Interventionen nicht nur als Reaktion auf die Verletzung der nationalen Souveränität der betroffenen Staaten zu interpretieren, sondern auch und mehr noch in Bezug auf den durch den Tod von oftmals als unschuldig bezeichneten israelischen Zivilisten ausgelösten moralischen Skandal. Die

litics in Occupied Palestine, Stanford: Stanford University Press, 2013.

unverhältnismäßig hohe Verlustrate unter den palästinensischen Zivilisten, die nicht dieselbe Empörung hervorruft, legt jedoch eine zusätzliche Erklärung nahe, die nicht so eindeutig ist.

Indirekt liefert der preisgekrönte israelische Dokumentarfilm *Wertvolles Leben* Ansatzpunkte für eine Interpretation.[41] Er erzählt die Geschichte eines kleinen Jungen aus Gaza, der mit einer tödlichen Autoimmunerkrankung geboren wurde, an der bereits zwei seiner Geschwister gestorben sind und deren einziges Heilmittel eine Knochenmarktransplantation darstellt. Ein mitfühlender israelischer Kinderarzt schlägt vor, den Eingriff in einem Tel Aviver Krankenhaus vorzunehmen, und bittet einen befreundeten Journalisten, durch einen Hilfsaufruf im Fernsehen eine nicht unbeträchtliche Geldsumme zu sammeln. Ein großzügiger anonymer israelischer Spender, den die Notlage des Jungen bewegt hat, bietet die nötigen finanziellen Mittel an, damit die Operation erfolgen kann, wenn sich ein passender Stammzellenspender findet. Irgendwann während des langen bangen Wartens vor dem Eingriff verwickelt der Reporter die Mutter des Jungen in ein Gespräch. Um sie aus der Reserve zu locken, erinnert er an die palästinensischen Märtyrer, die anscheinend bereit seien, für Jerusalem zu sterben, und erklärt: »Der ganze Begriff des *shadid* ist töricht.« Die junge Frau antwortet ruhig, dass der Tod für ihr Volk etwas Normales sei: »Vom kleinsten Kind bis zum ältesten Greis würden wir uns alle für Je-

41 Shlomi Eldar, *Precious Life* ⟨dt.: *Wertvolles Leben*⟩, produziert von Ehud Bleiberg und Yoav Ze'evi, 2010; Didier Fassin, »The Parallel Lives of Philosophy and Anthropology«, in: Veena Das/ Michael Jackson/Arthur Kleinman/Bhrigupati Singh (Hrsg.), *The Ground Between. Anthropology Engages Philosophy*, a. a. O.

rusalem opfern.« Der Journalist ist schockiert und fragt weiter, ob sie zulassen würde, dass auch ihr Sohn, den man gerade versuche, vor dem sicheren Tod zu bewahren, ein Märtyrer werde. Sie bejaht das: »Unsere Leute werden dutzendweise getötet. Wenn einer von euch stirbt, erschüttert das die ganze Welt. Für uns ist es etwas Normales. Wir feiern jeden *shadid*.« Als ihm klar wird, dass er darum kämpft, ein Leben zu retten, das sie im Grunde zu opfern bereit ist, bekundet der Reporter aus dem Off seine Bitterkeit und Entmutigung angesichts der Undankbarkeit und Inkohärenz der Mutter. Tatsächlich erfährt der Zuschauer etwas später, dass die junge Frau diese Aussage in dem Wissen gemacht hat, dass sie gefilmt wurde, um die Palästinenser zum Schweigen zu bringen, die ihre Loyalität in Zweifel gezogen hatten, nachdem sie die Mildtätigkeit des Arztes und des Spenders öffentlich gepriesen hatte. »Ich wollte den Arabern beweisen, dass ich weiterhin eine gute Araberin bin – dass ich immer noch eine von ihnen bin«, sagt sie. Daher die Zusicherung, dass ihr Sohn ein *shahid* werden könne.

In dem Film und vor allem in den beiden Dialogen zwischen dem Journalisten und der Frau – in denen sie erst behauptet, sie würde zulassen, dass ihr Sohn ein Märtyrer wird, und dann bekennt, dass dies eigentlich eine Reaktion auf das Misstrauen ihrer Landsleute gewesen sei – wird das Leben in zwei Konfigurationen eingebettet, deren Bedeutung gegensätzlich ist: Die eine gilt als Humanitarismus, die andere als Terrorismus. Im ersten Fall muss das Leben gerettet werden, im zweiten kann das Leben geopfert werden. Obwohl sie dasselbe Wesen betreffen, sind diese Leben unterschiedlich. Das Leben, das der Kinderarzt mit Unterstützung des Journalisten und des Spenders durch einen chirurgischen

Eingriff retten möchte, ist das physische Leben. Das Leben, auf das sich die Mutter unter Verweis auf dessen Opferung um der Sache willen bezieht, ist ein politisches Leben. Doch der Film legt unterschwellig nahe, dass sich eine Brücke zwischen beiden schlagen lässt: Die Stammzellen, das heißt die lebende Materie, die in das Knochenmark des kleinen Jungen eingepflanzt wird, können als Metapher für die Geschichte der Region gelesen werden. Denn als er die Mutter über die Lebensgefahr informiert, die für ihr Kind nach dem Eingriff besteht, erklärt der Arzt: »Nach der Transplantation reagieren die Stammzellen in der Regel feindlich auf den Patienten und gleichzeitig versucht auch der Körper, die Stammzellen abzustoßen. Es kommt zu einem Kampf zwischen zwei Bestandteilen, die Seite an Seite leben müssen, beide mit ihren eigenen Sehnsüchten und Hoffnungen. Doch nur wenn sie nebeneinander bestehen, werden sie überleben.« Die imaginierte Abbildung des zionistischen Projekts und des palästinensischen Widerstands auf den Körper des kleinen Jungen könnte nicht deutlicher ausfallen: Je nachdem, ob beide Bestandteile überleben, deutet sich sogar die Möglichkeit eines Happy Ends an.

Doch in der tiefen Ernüchterung des Journalisten, nachdem ihm die Mutter gesagt hat, dass es das normale Schicksal ihres Sohnes wäre, als *shadid* zu sterben, spiegelt sich das Dilemma wider, dem er sich gegenübersieht, und das Unverständnis, das daraus resultiert. »Für uns ist das Leben wertvoll«, sagt er. »Nein, das Leben ist nicht wertvoll«, antwortet sie. Darin kommen zwei Ethiken des Lebens zum Ausdruck: Für ihn ist das Leben ein Zweck, der um jeden Preis verteidigt werden muss; für sie ist das Leben ein Mittel, durch das sich Freiheit zurückgewinnen lässt. Natürlich sind beide auch mit ihren eigenen

Widersprüchen konfrontiert: der Journalist, wenn der Dokumentarfilm zeigt, wie die israelische Armee palästinensische Häuser bombardiert und Zivilisten abschlachtet, zu denen auch die Kinder eines für seine Friedensbemühungen bekannten Chirurgen gehören; die Frau, wenn sie zugibt, dass sie sich mit einem Zeichen der Loyalität nur an ihre arabischen Landsleute wendet. Doch was diese beiden Ethiken des Lebens grundsätzlich voneinander trennt, ist die Möglichkeit, um des eigenen Anliegens willen Selbstmord zu begehen. Darauf geht der moralische Skandal zurück.

In seiner Untersuchung über Selbstmordattentate denkt Talal Asad über den Grund nach, warum von einer solchen Tat ein so großer Schrecken ausgeht, obwohl das bei der Tötung einer großen Zahl von Zivilisten im selben Konflikt nicht der Fall ist.[42] Über die Unvorhersehbarkeit und Dramatik dieses Gewaltakts hinaus ist es die Tatsache, dass der Täter sich selbst das Leben nimmt, um andere zu töten, die unerträglich ist. Er legt keine Bombe, sondern sprengt sich selbst in die Luft: »Selbstmord ist ein einzigartiger Akt der Freiheit, ein Recht, das weder die religiösen Autoritäten noch der Nationalstaat zulassen«, schreibt Asad. In ihrer Studie über den Hungerstreik, mit dem Hunderte türkische Gefangene Anfang der 2000er Jahre gegen ihre Haftbedingungen protestierten, beschreibt Banu Bargu diese extreme Form des Widerstands gegen einen autoritären Staat, die für viele von ihnen mit dem Tod endete, als die Verwandlung des Lebens in eine Waffe.[43] Der stille Selbstmord

42 Talal Asad, *On Suicide Bombing*, New York: Columbia University Press, 2007, bes. S. 67.

43 Banu Bargu, *Starve and Immolate. The Politics of Human Weapons*, New York: Columbia University Press, 2014, bes. S. 328.

mitten in der Institution des Gefängnisses selbst ist der ultimative Akt von etwas, das sie Biosouveränität nennt. »Wir haben nichts zu verlieren als unsere Körper. Aber wir haben eine ganze Welt zu gewinnen!«, verkündet die Broschüre der politischen Bewegung der Kurden mit einer Paraphrase der berühmten Worte des *Kommunistischen Manifests.* Eine solche Herausforderung ist unerträglich für den Staat. In den Vereinigten Staaten werden denn auch sogar Gefangene, die zum Tode verurteilt sind, davon abgehalten, sich das Leben zu nehmen. In den Justizvollzugsanstalten werden außergewöhnlich große Vorkehrungen getroffen, um zu verhindern, dass ein Häftling vor seiner Hinrichtung Selbstmord begeht.

Dass man seine Feinde tötet, auch wenn Zivilisten unter den Opfern sind, gilt als Teil der unvermeidlichen Verlustrate bei Kriegen. Dass man für sein Anliegen das eigene Leben opfert, wird als nicht hinnehmbar erachtet.[44] Das ist nicht nur eine Verneinung des Lebens als höchstem Gut, sondern auch die Bejahung einer Souveränität, die die gegenwärtigen Grenzen der Moral überschreitet. Sich das physische Leben zu nehmen und es in einen politischen Tod zu verwandeln, ist für den christlichen Märtyrer von gestern oder den arabischen *shadid* von heute Teil einer Ethik, die der moralischen Welt der abendländischen Gesellschaften völlig fremd geworden ist und deshalb noch nicht einmal als solche erkannt werden kann. Aus dieser Perspektive weisen die jüngsten, teilweise von jugendlichen Palästinensern mit lächerlichen Werkzeugen wie Scheren oder Küchenmessern verübten wahllosen Angriffe auf eine Abkehr von frühe-

44 Didier Fassin/Patrice Bourdelais (Hrsg.), *Les Constructions de l'intolérable. Études d'histoire et d'anthropologie sur les frontières de l'espace moral,* Paris: La Découverte, 2005.

ren Anschlagsszenarien hin, die technische Hilfsmittel voraussetzten und mit einer großen Zahl von Opfern rechneten. Den mit behelfsmäßigen Waffen ausgerüsteten Einzeltäter verleitet die Hoffnungslosigkeit zu einer Tat, die wie ein bloßer Selbstmord aussieht. In der Nichthinnehmbarkeit dieser verzweifelten Geste hallt die Nichthinnehmbarkeit endloser Demütigungen wider. Angesichts der permanenten Herabwürdigung ihres Lebens finden die Angreifer im Tod einen Weg, um dessen verlorenen Wert wiederzuerlangen.

*

Während die Frage der Sittlichkeit im Sinne eines ethischen Lebens von Anfang an im Zentrum der Moralphilosophie gestanden hat und sich erst jüngst ein fruchtbares Forschungsfeld innerhalb der Moralanthropologie aus ihr speiste, habe ich versucht, sie zu verlagern, indem ich nicht danach gefragt habe, was ein gutes Leben ausmacht, sondern unter welchen Bedingungen das Leben selbst als ein Gut, ja sogar als höchstes Gut betrachtet wird. Zu diesem Zweck habe ich weitgehend auf der Grundlage von empirischen Untersuchungen, die ich in den letzten beiden Jahrzehnten durchgeführt habe, zwei Parallelisierungen vorgenommen. Erstens ließ sich anhand der Parallele von Einwanderungs- und Asylpolitik in Frankreich einerseits und den Debatten über das öffentliche Gesundheitswesen und über soziale Gerechtigkeit in Südafrika andererseits feststellen, dass Leben als biologisches Leben oder als politisches Leben wertgeschätzt werden kann und dass die Legitimität des Ersteren sich zunehmend gegenüber der des Letzteren durchgesetzt hat. Diese Unterscheidung und diese Tendenz waren diskursiv stärker ausgeprägt als in den Praktiken, denn die sozialen Akteure haben häufig versucht, auf beide Dimensionen zurückzugreifen, aber es ist mit Sicherheit leichter gewesen, moralische Gefühle für Leben zu wecken, die durch eine tödliche Krankheit bedroht sind, als für Leben, die Gewalt oder Ungerechtigkeit ausgesetzt sind. Zweitens hat die Parallelisierung der humanitären Geste, das Leben von anderen zu retten, und des militanten Akts, das eigene Leben zu opfern, in den Palästinensergebieten eine nähere Erkundung der beiden Dimensionen des Lebens anhand des Unterschieds zwischen dem Am-Leben-Bleiben bzw. Am-Leben-Erhalten und dem Sterben für das eigene Anliegen möglich gemacht, wobei letzteres heutzutage auf beinahe völliges Unverständnis stößt, während ersteres nahezu einvernehmlich gepriesen wird. Jenseits dieses radikalen Gegensatzes wurde jedoch in beiden Fällen die ähnliche Annahme sichtbar, dass das Leben an sich das höchste Gut darstellt, das Menschen besitzen, was erklärt, warum seine Rettung im einen Fall und sein Nehmen im anderen so entscheidend war.

Obwohl ich heiklen Themen – wie der Heiligkeit des Lebens und dem Sinn seiner Opferung –, die gewöhnlich mit der Äußerung von starken Meinungen und tiefen Überzeugungen einhergehen, nicht habe ausweichen wollen, habe ich mich bemüht, wertende Stellungnahmen und normative Einstellungen zu vermeiden. Es geht nicht darum zu entscheiden, ob es gut ist, dass das Leben als höchstes Gut gilt, sondern darum, den Wandel der Wahrnehmungsweise des Lebens und der Umgangsweise mit den Leben zu analysieren, den die aktuelle Entwicklung herbeiführt. Und darum, was bei dieser ethischen Verlagerung hin zu dem, was ich Biolegitimität genannt habe, gewonnen wird und was verlorengeht, was ins Blickfeld kommt und was uns sprachlos macht: Diese

Fragen habe ich angesprochen. Und ich ziehe daraus den Schluss, dass biologische Staatsangehörigkeit die Bedeutung der sozialen Rechte verringert, dass die zunehmende Anerkennung des physischen Lebens häufig mit einem Rückgang der Bedeutung des politischen Lebens einhergeht, dass die Legitimität des geretteten Lebens tendenziell die Dringlichkeit des Rufs nach sozialer Gerechtigkeit verringert und dass die Selbstverständlichkeit, mit der das Retten von Leben gerechtfertigt wird, es unvorstellbar macht, dass das Opfern des eigenen Lebens für das eigene Anliegen einen Sinn haben könnte. Dies sind allgemeine Behauptungen, die sicherlich noch abgemildert und verfeinert werden müssten, damit sie der Komplexität und Vielschichtigkeit von empirischen Situationen gerecht werden, wie ich es in früheren Arbeiten gemacht habe. Doch sie unterstreichen, was in den heutigen Gesellschaften mit dem gegenwärtig unangefochtenen Hervortreten der Biolegitimität auf dem Spiel steht. Mit Sicherheit wird dadurch eine Verbindung hergestellt zwischen der Ethik des Lebens, den – im Spannungsfeld zwischen dem Natürlichen und dem Sozialen stehenden – Formen des Lebens und der Politik des Lebens, die die Frage nach der Art und Weise aufwirft, wie Menschen bewertet und regiert werden.

Doch ich bin mir bewusst, dass der Charakterisierung des Lebens an sich, der Unterscheidung von Biologischem und Sozialem sowie schließlich der Analyse der Privilegierung des Ersteren auf Kosten des Letzteren, die ich vorgelegt habe, implizit eine Hierarchisierung der Leben zugrunde liegt, die irreführend sein könnte. Denn wenn man sich Aristoteles' Formulierung vom Menschen als *zoon politikon* zu eigen macht, kann kaum ein Zweifel darüber bestehen, dass das, was die Menschen von anderen lebenden Arten unterscheidet, nämlich ihr politisches Leben, über dem physischen Leben, dem einfachen Lebendigsein, stehen soll. Das »Leben an sich«, das »bloße Leben« bei Benjamin und bei Arendt und das »nackte Leben« bei Agamben sind aus ihrer Sicht offenkundig niedrigere Lebensformen, zu denen Menschen nicht herabgewürdigt werden sollten. Für diese Autoren stehen sie jeweils dem »gerechte[n] Dasein«, der »Idee der Freiheit« und dem »qualifizierten Leben« entgegen – alles Begriffe, die den Menschen von den anderen Lebewesen unterscheiden. Mit Hilfe dieser Terminologie und des ihr zugrunde liegenden Konzepts sollte die Art und Weise beschrieben und analysiert werden, wie religiöse, moralische oder politische Autoritäten sich das Leben der Menschen vorstellten und mit ihm umgingen, und nicht die Art und Weise, wie die Menschen tatsächlich leben und wie man sie häufig fälschlicherweise interpretiert hat. Es besteht nämlich ein beträchtlicher Unterschied zwischen der Praxis des Einsperrens von Flüchtlingen in Lagern und den Erfahrungen, die diese Flüchtlinge in ihren Lagern machen, und zu behaupten, dass ersteres Menschen auf ihr nacktes Leben reduziert, bedeutet nicht, dass letztere sich darauf reduzieren lassen. Dass beide verwechselt werden, kommt allerdings häufig vor, und Sozialwissenschaftler müssen unbedingt vermeiden, die Entwertung der bedrohten Existenz von Flüchtlingen – bzw. eigentlich auch aller anderen mit dem extremen Elend eines verletzlichen und prekären Lebens konfrontierten Individuen – noch zu verstärken, gegen die sich diese Individuen hartnäckig unter Rückgriff auf ihre ganze Würde zur Wehr setzen.

Die Notwendigkeit, zwischen Praktiken und Erfahrungen zu unterscheiden, und das bloße Lebendigsein als Bedingung für die Selbstverwirklichung im Rahmen einer Lebensform zu rehabilitieren, wurde mir während der Feldforschungen bewusst, die ich in südafrikanischen Townships und ehemaligen Homelands unter mit Aids lebenden Menschen durchgeführt habe, von denen die meisten an schweren Erscheinungsformen der Krankheit litten und mit den Qualen extremer Armut zurechtkommen mussten.[45] Als ihnen angesichts des fortgeschrittenen Stadiums ihrer Krankheit bewusst wurde, wie wenig Lebenszeit ihnen noch blieb, erfanden viele von ihnen ihr Leben auf ganz unterschiedliche Weise neu. Das reichte vom Entschluss, nach einem Leben in Schwierigkeiten eine moralische Person zu werden, bis zur Hinwendung zum aktiven Kampf für die allgemeine Zugänglichkeit antiretroviraler Medikamente. Dabei brachten sie die ganze Erfahrung ihres sowohl biologischen Überlebens (sie hatten ein spezielles, intimes, persönliches Verhältnis zu ihrer Krankheit, ihrem Körper, ihren Arzneimitteln, ihren Lymphozyten entwickelt) als auch ihres sozialen (häufig mit einer starken religiösen, aber manchmal auch politischen Dimension versehenen) Überlebens mit ein. Wie sie oft sagten, strebten sie nach einem normalen Leben. Einer von ihnen erklärte: »Ein normales Leben ist, wovon die Menschen leben: Nahrungsmittel im Bauch zu haben, jemanden an seiner Seite zu haben, in deiner Gemeinschaft geachtet zu werden.« Mit bemerkenswerter Klarsicht unterschied diese bescheidene, aber vernünftige Ethik des Lebens nicht zwischen Physischem, Affektivem und Moralischem. Diese Gespräche überraschten mich umso mehr, als ich während dieser Untersuchungen zufällig das letzte Interview las, das Jacques Derrida vor seinem Tod gegeben hat, als er schon wusste, dass seine Tage gezählt wa-

45 Didier Fassin, »Ethics of Survival. A Democratic Approach to the Politics of Life«, in: *Humanity*, 2010, 1 (1), S. 81-95.

ren.[46] »Da zudem noch gewisse gesundheitliche Probleme immer dringlicher werden«, sagte er, »stellt sich mir die Frage des Überlebens oder des Aufschubs, der Frist, die mich schon immer, *in jedem Moment* meines Lebens heimgesucht hat – im wahrsten Sinne des Wortes –, heute in etwas anderen Farben dar.« Das Überleben war zu einer auf tragische Weise drängenden Frage geworden, die gleichzeitig die Bedeutung und die Schwäche seines physischen Lebens zu Tage treten ließ.

In seinen Erinnerungen an die Zeit, die er im Konzentrationslager Buchenwald verbrachte, hat Robert Antelme unter dem Titel *Das Menschengeschlecht* beschrieben, was Überleben für das Kommando Gandersheim, dem er angehörte, bedeutete.[47] »Aber die Erfahrung dessen, der Küchenabfälle ißt, ist eine der äußersten Widerstandssituationen. Sie ist aber auch nichts anderes als die extreme Erfahrung der Lebensbedingungen des Proletariers. Alles ist da: zunächst die Verachtung dessen, der ihn in diesen Zustand hineinzwingt und alles tut, um diesen Zustand zu erhalten, so daß er die ganze Person des Unterdrückten deutlich macht und ihn, den Unterdrücker, rechtfertigt. Auf der anderen Seite der Anspruch – in dem Bestreben zu essen, um am Leben zu bleiben – auf die höchsten Werte. Indem der Häftling kämpft, um am Leben zu bleiben, kämpft er, um alle Werte zu rechtfertigen, einschließlich der Werte, deren ausschließlichen Genuß, sie überdies noch verfälschend,

46 Jacques Derrida/Jean Birnbaum, »Das Leben, das Überleben. Vom Ethos des Denkens und von der Chance des europäischen Erbes« (Aus dem Französischen von Markus Sedlaczek), in: *Lettre International* 66, Herbst 2004, S. 10-13, hier S. 10.

47 Robert Antelme, *Das Menschengeschlecht* (Aus dem Französischen von Eugen Helmlé), München/Wien: Carl Hanser Verlag, 1987, S. 132ff., französische Erstausgabe 1947.

sein Unterdrücker sich selber vorzubehalten versucht.« Die Verteidigung des Rechts, unter diesen Umständen am Leben zu bleiben, wird zur ethischen Verpflichtung schlechthin und man muss »sich [...] der Größe bewußt« sein, die man dem Akt des Essens der Abfälle »zuerkennen kann«: »Die Aussichten auf die Befreiung der Menschheit in ihrer Gesamtheit laufen hier über diesen ›Niedergang‹.« Doch diese Größe unterliegt einer Einschränkung: Sie darf nicht auf Kosten der anderen gehen. »Das Mißverständnis liegt nicht darin, daß man ›tief sinkt‹, sondern wenn man aus den Augen verliert, daß der Verfall für alle gelten muß.« Dies ist vermutlich der Punkt, an dem die Ethik des Lebens und das ethische Leben im Sinne von Sittlichkeit zusammenfallen.

III
Politik des Lebens

Und wenn sich auch unser Leben […] oftmals
als rechte Nichtswürdigkeit erweist,
ist es doch immerhin Leben und nicht
nur Quadratwurzelziehen.

Dostojewski, *Aufzeichnungen aus dem Kellerloch*, 1864

Dass der Gesellschaft kollektive Verantwortung für die gute Regierung der Menschen zukommt und die Politik sich deshalb um das Leben der Menschen kümmern sollte, um es besser und glücklicher zu machen, ist in der Philosophie mindestens seit Platons *Politeia* und Aristoteles' *Politik* ein großes Thema gewesen. Noch heute ist die doppelte Frage nach Verantwortlichkeit (wie stark soll sich der Staat in das Leben seiner Untertanen einmischen?) und Freiheit (wo soll diese Einmischung aufhören?) Gegenstand heftiger Debatten sowohl unter Politikwissenschaftlern als auch unter Politikern, ob es nun um Probleme des öffentlichen Gesundheitswesens oder um die systematische Überwachung der Kommunikation geht. Dabei handelt es sich offenkundig in gleichem Maße um eine ethische wie um eine politische Frage, besonders wenn die prekären Lebensformen jener Individuen oder Gruppen betroffen sind, die am meisten politische Unterstützung benötigen und zugleich ethischen Verfehlungen am schutzlosesten ausgeliefert sind.

Bei ihren Überlegungen zur guten Regierung haben

die Philosophen in der Regel dazu tendiert, sich explizit oder implizit auf die antiken Theorien zu berufen – als ob es zwischen dem alten Griechenland und den Gesellschaften der Gegenwart in Bezug auf die Probleme und ihre Lösungen eine Art von Kontinuität gäbe. Doch gibt es eine solche Kontinuität? Eine wichtige These, die von Michel Foucault aufgestellt, aber kaum ausgearbeitet worden ist, besagt, dass dem nicht so ist. Laut Foucault zeichnet sich die moderne Politik durch ein radikal neues Phänomen aus, das aus dem 18. Jahrhundert stammt: Seit Wissen und Macht das Leben der Menschen von der Geburt bis zum Tod durch Sexualität und Reproduktion, Wohlfahrt und Überwachung voll und ganz besetzt halten, ist das Leben zum zentralen Anliegen geworden. Foucault nennt das Biomacht, die Macht über das Leben – ein Begriff, der zusammen mit seinem Zwilling, der Biopolitik, vor allem in der Geschichtswissenschaft, in der Soziologie und in der Anthropologie breit rezipiert worden ist.

Meiner Ansicht nach ist nicht so klar, worum es in der Biopolitik geht, wie gemeinhin angenommen wird. Entgegen dem, was der Begriff zu implizieren scheint und worauf er sich anfänglich sogar bezog, hat er in seiner späteren Entwicklung weniger mit dem Leben als mit der Bevölkerung zu tun und richtet er sich weniger auf die Politik als auf die Gouvernementalität. Außerdem stellt er die Machttechnologien auf Kosten der Handlungsgegenstände in den Vordergrund. Für Foucault lautet die biopolitische Frage vor allem: Wie regieren Machttechnologien die Bevölkerungen? Obwohl ich diese Frage für wichtig halte, möchte ich eine andere Frage stellen, die biopolitisch par excellence zu sein scheint, die Foucault aber kaum erörtert: Was macht die Politik mit den Leben? Um eine Verwechslung dieser beiden

Fragestellungen und der entsprechenden Begriffe zu vermeiden, werde ich anstelle von »Biopolitik« den Ausdruck »Politik des Lebens« verwenden. Sobald man diese Perspektive eingenommen hat – nicht zu fragen, wie Technologien Bevölkerungen regieren, sondern was Politik mit den Leben macht –, drängt sich die Frage der Ungleichheit und damit der Ungleichwertigkeit der Menschen förmlich auf – was in völligem Gegensatz zum Prinzip ihres unveräußerlichen Werts steht, das die Grundlage der Ethik des Lebens bildet. Nach einer dementsprechenden Neugewichtung von Foucault werde ich zuerst zeigen, inwiefern die Genealogie der ökonomischen Bewertung der Leben Licht auf das Spannungsverhältnis zwischen Ungleichheit und Unveräußerlichkeit wirft. Danach werde ich unter Rückgriff auf ethnographisches und statistisches Anschauungsmaterial aus Frankreich, Südafrika und den Vereinigten Staaten analysieren, inwiefern das soziale Missverhältnis bei den verschiedenen Formen des Todes politische Widersprüche und moralische Hierarchien bei der Bewertung von Menschenleben aufdeckt.

*

Nur wenige von Foucaults Begriffen haben so viel Aufmerksamkeit erfahren und so viele Untersuchungen angestoßen wie die Biopolitik. Doch ihre Auftritte in seinem Werk sind flüchtig, ihre Definition wird nicht klar umrissen und ihre Ausarbeitung wird mehrmals angekündigt, aber offenkundig nirgends vorgenommen. Am Ende von *Der Wille zum Wissen* erörtert Foucault bekanntlich die Verlagerung von der Souveränität zur Biomacht und die Einbeziehung des Lebens in die gesellschaftlichen Strategien, die in seinen Augen die »Modernitätsschwelle« kennzeichnen. Innerhalb dieses Prozesses unterscheidet er zwei Aspekte: die »politische Anatomie des menschlichen Körpers«, die aus den »Disziplinen« besteht, die dem Körper auferlegt werden, um seine Fähigkeiten zu optimieren, ihm seine Kräfte abzunötigen, seine Nützlichkeit und Folgsamkeit zu erhöhen und ihn in die ökonomischen Kontrollprozesse zu integrieren; und die »Biopolitik der Bevölkerung«, die zur »Regulierung« der Bevölkerung führt und durch die Verwaltung von Geburt, Tod, Gesundheit, Unterkunft und Einwanderung ihren Fokus auf die Spezies legt.[1] Dass eine solche Biopolitik – und eigentlich auch Anatomo-Politik – im 18. Jahrhundert in der westlichen Welt aufkam, wie Foucault behauptet, ist mit Sicherheit nicht unstrittig, und es gab unter anderem schon im 1. Jahrhundert im Römischen Reich sowie im 15. Jahrhundert im Reich der Inkas komplexe, sich aus Regeln, Institutionen und Praktiken zusammensetzende Systeme, die für die Regierung der Bevölkerung vorgesehen waren, darunter Geburtenkontrolle, Familienorganisation, Kollektivhygiene usw.[2] Verblüffend an der Biographie dieses heuristischen Begriffs ist jedoch, dass Foucault sich nie vollständig darauf eingelassen hat, nicht einmal in seinen Vorlesungen am Collège de France.

In *In Verteidigung der Gesellschaft* von 1976 widmet er ihm lediglich zwei Seiten, auf denen Foucault die verschiedenen Gebiete aufzählt, die der Begriff abdeckt und die weitestgehend dem entsprechen, was wir heute De-

1 Michel Foucault, *Sexualität und Wahrheit*, Bd. 1: *Der Wille zum Wissen*, a.a.O., bes. S. 166-171.

2 Didier Fassin, »Le gouvernement de la vie«, in: ders., *L'Espace politique de la santé. Essai de généalogie*, Paris: Presses Universitaires de France, 1996, S. 199-281.

mographie, Epidemiologie und öffentliches Gesundheitswesen nennen. Diese erörtert er aus der doppelten Perspektive von Wissen und Intervention; Biopolitik, schreibt er, »hat es mit der Bevölkerung [...] als zugleich wissenschaftlichem und politischem Problem [...] zu tun«. Am Anfang der Vorlesungen über *Sicherheit, Territorium, Bevölkerung* von 1978 kündigt er an, dass er das Studienjahr »mit der Untersuchung von etwas« verbringen wolle, »das ich ein wenig leichtfertig die Bio-Macht genannt habe«, das heißt »das Ensemble von Mechanismen, durch die das, was in der menschlichen Art seine grundlegenden biologischen Züge ausbildet, in das Innere einer [...] politischen Strategie [...] eintreten kann«; tatsächlich geht es in der Vorlesung aber um Gouvernementalität und den Staat, und das Wort Biopolitik wird nur einmal am Rande erwähnt. Noch bezeichnender ist, dass er sogar zu Beginn seiner Vorlesungen aus dem Jahr 1979, die nun eben gerade den Titel *Die Geburt der Biopolitik* tragen, erklärt, dass er, um sein Thema behandeln zu können, damit anfangen müsse, dessen »Grundlagen in Frage zu stellen«, nämlich »dieses Regierungssystem [...], das Liberalismus genannt wird«; in der Zusammenfassung der Vorlesungen am Ende des Studienjahres räumt er dann allerdings ein, dass die Vorlesung »dieses Jahr ausschließlich dem gewidmet« gewesen sei, »was nur eine Einleitung bilden konnte«.[3] Von

3 Michel Foucault, *In Verteidigung der Gesellschaft. Vorlesungen am Collège de France (1975-76)* (Aus dem Französischen von Michaela Ott), Frankfurt am Main: Suhrkamp Verlag, 1999, S. 283, französische Erstausgabe 1997; *Geschichte der Gouvernementalität I: Sicherheit, Territorium, Bevölkerung. Vorlesung am Collège de France 1977-1978* (Aus dem Französischen von Claudia Brede-Konersmann und Jürgen Schröder), Frankfurt am Main: Suhrkamp Verlag, 2004, S. 13, französische Erstausgabe 2004; *Ge-*

da an macht er weiter mit ethischen Fragen. Auf die Biopolitik kommt er nie mehr zurück.

Womit haben wir es hier also zu tun? Ich beschränke meine Analyse auf Foucaults These, aber mir ist sehr wohl bewusst, dass man hier sowohl einer langen Ahnenreihe von Grundvoraussetzungen nachgehen als auch die reichhaltige Landschaft aktueller Ansätze nachzeichnen müsste, wie Thomas Lemke gezeigt hat.[4] In ihrer Foucault'schen Formulierung geht die Idee der Biopolitik auf eine bemerkenswert fruchtbare Intuition zurück, könnte aber auch zur Verwirrung führen: Es ist eine fruchtbare Intuition, dass Gesellschaften in zunehmendem Maße Mechanismen entwickeln, die die menschliche Existenz regulieren; aber die Idee der Biopolitik führt auch zur Verwirrung, weil häufig gedacht wird, dass es dabei um Leben geht, wie etymologisch naheliegt, obwohl sie tatsächlich im Wesentlichen mit der Bevölkerung zu tun hat. Es handelt sich eher um eine Demopolitik als um eine Biopolitik. In Foucaults verschiedenen Versionen von Biopolitik steht Leben nämlich abwechselnd und unterschiedslos für biologische Prozesse, soziale Körper und die menschliche Spezies. Für seine Analyse ist Leben weder als lebende Materie aus Zellen oder Genen noch als gelebte Erfahrung von Individuen oder Gruppen zentral. Doch man könnte sogar noch weiter gehen und sich fragen, ob es bei der Biopolitik wirklich um Politik geht. In Anbetracht der Art und

schichte der Gouvernementalität II: Die Geburt der Biopolitik. Vorlesung am Collège de France 1978-1979 (Aus dem Französischen von Jürgen Schröder), Frankfurt am Main: Suhrkamp Verlag, 2004, S. 43 und 435, französische Erstausgabe 2004.

4 Thomas Lemke, *Biopolitik zur Einführung*, Hamburg: Junius Verlag, 2007.

Weise, wie Foucault ihn versteht und untersucht, bezieht sich der Begriff nämlich sehr viel stärker auf Regulierungsmodalitäten, Kontrollprinzipien und Regierungsmethoden als auf die Fragen, Inhalte und Konflikte, die mit der Politik im eigentlichen Sinne zusammenhängen, mit anderen Worten nicht auf substantielle Diskurse und Handlungen, sondern auf Techniken. Es handelt sich eher um eine Biogouvernementalität als um eine Biopolitik.

Die Nichtberücksichtigung des Lebens und das Weglassen der Politik sind miteinander verknüpft. Ich bin geneigt, diese doppelte Leerstelle als Foucaults Widerstreben zu deuten, Gesellschaftskritik in seine genealogische Kritik einfließen zu lassen. Er möchte die Entstehung von neuen Problematisierungen der Welt aufdecken und nicht, was ihnen zugrunde liegt oder aus ihnen folgt. Eine leichte Korrektur ist hier allerdings angebracht, weil er im ersten Band von *Sexualität und Wahrheit* schreibt, dass »Bio-Macht [...] gewiß ein unerläßliches Element bei der Entwicklung des Kapitalismus« gewesen sei, »der ohne kontrollierte Einschaltung der Körper in die Produktionsapparate und ohne Anpassung der Bevölkerungsphänomene an die ökonomischen Prozesse nicht möglich gewesen wäre«. Dies ist die einzige Stelle, an der die politische Ökonomie in die Frage des Lebens hineinspielt. In seinen späteren Vorlesungen tritt der Liberalismus an die Stelle des Kapitalismus, und der Sozialdeterminismus, der für Foucaults Arbeiten über das Strafen und das Gefängnis so maßgeblich war, verblasst. Was Politik mit dem Leben – bzw. mit den Leben – macht, interessiert ihn nicht. Auch nicht die verschiedenen Weisen, wie sie dabei vorgeht. Das Wort »Ungleichheit« gehört nicht zu seinem Wortschatz.

Das Ausblenden des Lebens und das Verschwinden

der Politik ist nicht unbemerkt geblieben. In der Politikwissenschaft sind sie meistens aus zwei spiegelbildlichen Perspektiven diskutiert worden: Die eine hält an der Gesellschaftskritik fest und legt ihr Augenmerk auf die Biologisierung der Politik; die andere steht in der genealogischen Tradition und stellt die Politisierung des Biologischen in den Vordergrund.[5] In den Augen von Ferenc Fehér und Ágnes Heller ist die Politik aus der Biopolitik verschwunden, was ihrer Ansicht nach weniger eine Kritik an Foucault als ein Kritikpunkt an den Gesellschaften der Gegenwart ist. Genauer gesagt ist Biopolitik ihnen zufolge das Gegenteil von traditioneller Politik. Während diese universalistisch ist und Freiheit sowie die Befreiung von Gewaltherrschaft über die anderen Werte stellt, ist jene partikularistisch und richtet sich auf soziale Identitäten, die auf natürlichen, ob nun feministischen, sexuellen, die Rasse, die Umwelt oder die Gesundheit betreffenden Grundlagen beruhen. Biopolitik ist eine Politik der Differenz, deren Rechtfertigung in der Sprache der Biologie erfolgt. In ihr geht es eher um Singularität als um Pluralität. In den Augen von Agamben fehlt der Biopolitik dagegen das Leben. So behauptet er, das nackte Leben werde nicht als Quelle souveräner Macht anerkannt. In dieser Hinsicht findet er es bemerkenswert, dass Foucault nicht gesehen habe, dass totalitäre Regime eine extreme Erscheinungsform der Trennung von Natürlichem und Politischem darstellen und dass Konzentrationslager der Höhepunkt der Biopolitik

5 Ferenc Fehér/Ágnes Heller, *Biopolitik* (Aus dem Englischen von Felix Ensslin), Frankfurt am Main/New York: Campus Verlag, 1995, englische Erstausgabe 1994; Giorgio Agamben, *Homo sacer. Die souveräne Macht und das nackte Leben*, a.a.O., bes. S. 13-16.

seien, weil sie ihre Gefangenen auf das nackte Leben reduzieren. Bezeichnenderweise stehen sowohl die Theoretiker der Budapester Schule als auch der italienische Philosoph nach eigenem Bekunden in der intellektuellen Schuld von Hannah Arendt, die in *Vita activa* Arbeit, die den Erfordernissen des Lebens nachkommt, von Werk und Handeln unterscheidet, die Teil des öffentlichen Raums sind.[6] Für Arendt bestand die Gefahr in der ihrer Ansicht nach für die Moderne charakteristischen Schwächung des (im öffentlichen Raum vorhandenen) Politischen durch das (durch Arbeit gewährleistete) Biologische.

Meine kritische Herangehensweise an die Biopolitik unterscheidet sich vom Ansatz dieser Autoren. Mir geht es nicht darum, für was Biopolitik steht, sondern darum, für was sie nicht steht. Mein Ziel ist es, das unausgesprochene Vorverständnis zur Diskussion zu stellen, dass sie ein undifferenzierter Bereich sei, in dem das Verhältnis von Leben und Gesellschaft auf jeden mehr oder weniger dieselbe Auswirkung habe. Das heißt nicht, dass ich den analytischen Sinn und Zweck und die Relevanz des Begriffs für die heutige Zeit leugnen möchte, die Paul Rabinow und Nikolas Rose so überzeugend anhand einer Reihe von Beispielen an der Schnittstelle von Biologie und Politik, einschließlich Bioökonomie, Bioethik oder Genomik dargelegt haben.[7] Doch das potentielle Risiko eines Denkens, für das Biopolitik eine intellektuelle Kategorie darstellt, liegt darin, dass man reproduziert, was man beschreibt, und deshalb zu dem beiträgt, was Biopolitik als soziales Phänomen erzeugt. Die wissenschaft-

6 Hannah Arendt, *Vita active oder Vom tätigen Leben*, a. a. O.

7 Paul Rabinow/Nikolas Rose, »Biopower Today«, in: *BioSocieties*, 2006, 1 (1), S. 195-217.

liche Leistungsfähigkeit, technischen Innovationen und intellektuellen Herausforderungen, die der Begriff der Biopolitik bei gleichzeitiger Indifferenz gegenüber den Unterschieden im Umgang mit Menschenleben verspricht, faszinieren diejenigen, die ihn verwenden; dadurch verstärkt sich sein aufregendes Image als futuristisches Projekt und gleichzeitig ist er an der Delegitimierung des Sozialen beteiligt, das ohnehin in dem Ruf steht, Schnee von gestern zu sein.

Aus diesem Grund habe ich den Begriff der Politik des Lebens vorgeschlagen, der die Tatsache ernst nimmt, dass es hier um Leben und um Politik geht.[8] Im Gegensatz zur Hervorhebung von Bevölkerung und Gouvernementalität, mit der Biopolitik in der Regel einhergeht, legt die Politik des Lebens nämlich ihr Augenmerk auf das, was Politik im generischen Sinne aus dem Leben und mit den Leben macht. Der Unterschied lässt sich etwa am Beispiel einer humanitären Intervention veranschaulichen. Bei einer Herangehensweise im Zeichen der Biopolitik werden die eingesetzten Technologien von Interesse sein, das Erfassen der die Bevölkerung betreffenden Probleme und Lösungen, der Rückgriff auf Demographie und Epidemiologie, um Gesundheitsprobleme zu ermitteln, die Einrichtung einer Infrastruktur von Lagern, um die Menschen zu versammeln und Zugang zu ihnen zu erlangen. Bei einer Herangehensweise im Zeichen der Politik des Lebens wird die Vorstellung vom Leben als höchstem Gut in den Blick genommen, die Verletzungen der staatlichen Souveränität rechtfertigt; die tragische Wahl, die angesichts beschränkter Ressourcen notgedrungen darüber getroffen wird, welche Patienten

8 Didier Fassin, »Another Politics of Life is Possible«, in: *Theory, Culture and Society*, 2009, 26 (5), S. 44-60.

behandelt und welche Leben gerettet werden; die Hierarchie, die implizit von den Organisationen selbst und im Fall von Kampfhandlungen auch von den Kriegsparteien in Bezug auf den Lebenswert des einheimischen Personals und der freiwilligen ausländischen Helfer errichtet wird. Insgesamt geht es bei der Biopolitik um die Rahmenbedingungen der Regierung der Menschen, wohingegen die Politik des Lebens ihren Inhalt betrifft; erstere interessiert sich für die allgemeinen Techniken und Prinzipien, die gegenüber den Bevölkerungen zur Anwendung kommen, während letztere ihr Augenmerk auf die Unterschiedlichkeit des Umgangs mit den Leben und darauf legt, was diese für den ungleichen Wert von Menschen bedeutet.

Die Politik des Lebens steht nämlich in direktem Zusammenhang mit der Ethik des Lebens. Wo letztere meiner Definition nach den Wert des Lebens analysiert und die Biolegitimität in den Gesellschaften der Gegenwart hinterfragt, untersucht erstere meinen Vorstellungen zufolge die Bewertung von Leben und kritisiert deren Ungleichheit. Das bedeutet einen Wechsel vom Singular – das Leben im Allgemeinen – zum Plural – die tatsächlichen Leben. Es ist auch ein Schritt vom abstrakten Wert zur konkreten Bewertung im Sinne von Werthaftigkeit.[9] Was ist ein Leben in verschiedenen Kontexten bzw. quer durch die sozialen Kategorien wert? Was sagen solche Schwankungen über den Umgang mit Menschen in konkreten Situationen und letztendlich über die ungleiche Werthaftigkeit von Leben aus? Um mehr über das Spannungsverhältnis zwischen der abstrakten Wertschätzung des

9 Didier Fassin, »The Value of Life and the Worth of Lives«, in: Veena Das/Clara Han (Hrsg.), *Living and Dying in the Contemporary World,* a. a. O., S. 770-783.

Lebens als höchstem Gut und den ungeheuren Unterschieden bei der konkreten Bewertung der Leben zu erfahren, werde ich zunächst die monetäre Bewertung von Leben und dann die moralische und politische Ökonomie des Lebens analysieren.

*

Die Wertschätzung des menschlichen Lebens lässt sich am besten mit Hilfe der Ökonomie verstehen, weil dort laut Thomas Schellings berühmter Argumentation eine ausdrückliche Übersetzung des Werts als eines abstrakten Prinzips in Werthaftigkeit als einer messbaren Tatsache erfolgt.[10] Denn wenn man sich ansieht, welchen Preis ein Leben hat und wie er berechnet wird, ist das die direkteste Methode, um abzuschätzen, wie weit die wahrscheinlich grundlegendste Ungleichheit reicht: die unterschiedliche Werthaftigkeit der Leben. In der *Philosophie des Geldes* hat Georg Simmel die Genealogie der Bewertung des Lebens anhand der Untersuchung von Entschädigungszahlungen bei Tötungsdelikten zurückverfolgt.[11] Die »Sühnung des Totschlags durch Geldzahlung«, schreibt er, ist »eine in primitiven Kulturen so häufige Tatsache, daß sich [...] einzelne Beispiele erübrigen«, doch die Bedeutung dieser Praxis, fügt er hinzu, liegt weniger in »ihre[r] Häufigkeit« als in der »*Intensität*, mit der der Zusammenhang von Wert des Menschen

10 Thomas Schelling, »The Life You Save May Be Your Own«, in: ders., *Choice and Consequence*, Cambridge, MA: Harvard University Press, 1984, S. 113-146.

11 Georg Simmel, *Philosophie des Geldes* (2. erw. Aufl. 1907), in: ders., *Gesamtausgabe*, Bd. 6, Frankfurt am Main: Suhrkamp Verlag, 1989, bes. S. 482-493.

und Geldwert oft die rechtlichen Vorstellungen beherrscht«. Zur Veranschaulichung zieht er das »älteste [...] angelsächsische [...] England« heran, wo die Tötung einer Person zur Zahlung eines Wergeldes führte, das nach Bruchteilen oder Vielfachen des auf 200 Shilling festgesetzten Werts eines freien Mannes berechnet wurde. Sogar die Ermordung des Königs hatte eine monetäre Entsprechung, obwohl die Summe der Geldstrafe so hoch war, dass keine Einzelperson oder -familie sie aufbringen konnte, sodass Sklaverei oder sogar Tod die praktische Folge waren. Die Praxis, den Angehörigen des Opfers zur Abgeltung eine Geldsumme zu zahlen, ist im islamischen Strafrecht bis heute gebräuchlich.[12] Die häufig als »Blutgeld« übersetzte *diya* dient als Alternative zur *qisās*, die einem reinen Vergeltungsschlag nach dem Grundsatz »Auge um Auge« entspricht: Anstatt den Mörder hinrichten zu lassen, kann die Familie des Ermordeten eine finanzielle Entschädigung verlangen, deren Höhe von einem Richter bestimmt wird.

Doch zur Einschätzung des Werts eines Menschenlebens kommt es nicht nur bei Tötungsdelikten, sondern sie spielt auch bei Eheschließungen in Gestalt der in vielen Gesellschaften weitverbreiteten Praxis der Zahlung einer Mitgift oder eines Brautpreises eine Rolle. Eheschließungen werden schon lange von Anthropologen in Bezug auf Regeln und von Ökonomen in Bezug auf Märkte untersucht.[13] Dass der Familie des Bräutigams

12 Rudolph Peters, *Crime and Punishment in Islamic Law. Theory and Practice from the Sixteenth to the Twenty-first Century,* Cambridge: Cambridge University Press, 2006.

13 Claude Lévi-Strauss, *Die elementaren Strukturen der Verwandtschaft* (Aus dem Französischen von Eva Moldenhauer), Frankfurt am Main: Suhrkamp Verlag, 1993, französische Erstausgabe 1947; Theodore Schultz (Hrsg.), *Economics of the Family. Marriage,*

oder der Braut Geld gezahlt wird, gibt den ökonomischen Wert wieder, der dem sozialen Tausch innewohnt. Wenn dagegen eine Person an bestimmten gesundheitlichen Beeinträchtigungen leidet, macht sich ihr jeweiliger Wert an der abweichenden Höhe der gezahlten Summe bemerkbar. Das ist der Fall, wenn im Senegal eine behinderte Person verheiratet werden soll, was ich in Dakar und Umgebung durch die Erhebung einer Reihe von Biographien untersuchen konnte.[14] Wenn der Versehrte ein Mann ist, erhöht sich der Brautpreis, den seine Familie zahlt; wenn es sich um eine Frau handelt, verringert sich dieser Betrag und sie kann sogar als *taako* angeboten werden, was heißt, dass der Bräutigam sie aus Barmherzigkeit heiratet und seine Familie keine Ausgleichszahlungen leisten muss. Auch wenn solche finanziellen Arrangements die dauerhafte soziale Isolation von Behinderten verhindern, verrät die wechselnde Höhe des Tauschgeschäfts doch Ungleichheiten in Bezug auf die Physis und das Geschlecht: Die Behinderung verringert bei beiden Geschlechtern den Wert der Person, doch symbolisch ist die Frau stärker betroffen als der Mann, weil sie die erniedrigende Erfahrung machen kann, dass sich ihr Marktwert auf null reduziert, wohingegen das Sinken seines Marktwerts sich bloß in einem höheren Brautpreis niederschlägt.

Unabhängig davon, ob es sich um die Abgeltung eines Mordes oder um die Zahlungen bei einer Eheschließung handelt, erfüllt die ökonomische Bewertung von Indivi-

Children, and Human Capital, Chicago: The University of Chicago Press, 1974.

14 Didier Fassin, »Handicaps physiques, pratiques économiques et stratégies matrimoniales au Sénégal«, in: *Social Science & Medicine,* 1991, 32 (3), S. 267-272.

duen also offenkundig eine positive soziale Funktion: Im ersten Fall sorgt sie für Gerechtigkeit und verhindert einen Vergeltungsschlag, im zweiten stellt sie ein Bindeglied zwischen den Familien dar und integriert benachteiligte Individuen. Die Einführung einer monetären Entsprechung für Menschen fördert daher den sozialen Zusammenhalt. Sie ist »rein utilitarisch«, wie es bei Simmel heißt, der behauptet, dass sie historisch allerdings irgendwann zu einer objektiven, »sachlichen Preisschätzung« wurde. Insbesondere bei Tötungsdelikten, bei denen die Angehörigen des Opfers als Ausgleich für ihren Verlust ursprünglich unterschiedlich hohe Wergeldbeträge verlangt hatten, habe sich das System nach und nach geändert. Im Laufe der Zeit wurde die Höhe dieser Summen je nach dem Stand der getöteten Person immer häufiger festgesetzt, was unterstellte, dass der »Mann [...] an und für sich« einen bestimmten Wert erlangt hatte. Die gesetzliche Fixierung des Wergeldes war deshalb die »Ursache, die die ursprünglich subjektiv-utilitarische Wertung des Menschenlebens in die objektive Vorstellung überführte, der Mensch habe eben diesen bestimmten Wert«, wodurch eine Politik des Lebens entstand, die auf einem differenzierten Bewertungssystem beruhte.

Doch in der modernen westlichen Welt widersprach diese Politik des Lebens der Ethik des Lebens, die zwei miteinander verbundene, aber unterschiedliche Prinzipien vertrat: die Heiligkeit des menschlichen Lebens und den absoluten Wert des Menschen. Die Kombination dieser beiden Prinzipien ließ keine monetäre Entsprechung für ein Menschenleben zu. Menschenleben waren im doppelten Wortsinn inkommensurabel: Sie ließen sich nicht messen und ihr Wert konnte nicht miteinander verglichen werden. In einem für die vergleichende Ethik klassischen Aufsatz gibt Kenneth Read diese Ansicht wieder, als er eine Parallelisierung zwischen der christlichen Moral und der Moral der Gahuku-Gama vornimmt – einer Gemeinschaft aus dem Hochland des Inselstaats Papua-Neuguinea, der aufgrund seiner ethnischen Isolation lange ein Tummelplatz für Anthropologen gewesen ist.[15] »Vom Standpunkt der christlichen Ethik aus sind Menschen moralisch gleichwertig«, erklärt er. »Ihr Wert als Personen ist gleichbleibend. Die Geistigkeit, die der Personenhaftigkeit aller Menschen zugrunde liegt, verleiht ihnen einen unvergleichlichen Wert. Dieser Wert ist unveräußerlich und da er allen Menschen unabhängig von ihrem Stand oder ihren individuellen Fähigkeiten zukommt, ist er auch intrinsisch. Der absolute Wert der menschlichen Person geht allen anderen geschaffenen Werten voraus.« Der Wert, der dagegen Menschen in den Augen der Gahuku-Gama zukommt, wird als »abhängig von der Stellung, die sie innerhalb des Systems der interpersonalen und gruppenübergreifenden Beziehungen einnehmen«, bezeichnet. Infolgedessen »tritt in der Reaktion auf Tötungsdelikte eher der moralische Charakter der sozialen Bindungen zwischen den Individuen und den aus Individuen bestehenden Gruppen in den Vordergrund als die Unantastbarkeit des menschlichen Lebens selbst«. Nach Ansicht von Read könnte der Kontrast zwischen den papuanischen und den christlichen Normen und Werten nicht größer sein. Aus methodologischen Gründen ist seine Interpretation jedoch voreingenommen, weil er sich im Unterschied zu den Gahuku-Gama, deren Wertesystem er gründlich untersucht hat, in Bezug auf die christ-

15 Kenneth Read, »Morality and the Concept of the Person Among the Gahuku-Gama«, in: *Oceania*, 1955, 25 (4), S. 233-282.

liche Ethik auf Alltagswissen stützt: gewissenhafte Ethnographie auf der einen Seite, spontane Anthropologie auf der anderen. Daraus resultiert eine archetypische Lesart der christlichen Lehre.

Obwohl es ganz auf der Linie von Johannes Pauls II. *Enzyklika »Evangelium vitae«* von 1995 liegt, die Unantastbarkeit des menschlichen Lebens, seine Gleichwertigkeit innerhalb einer Gesellschaft und die Unveräußerlichkeit seines Werts innerhalb der Menschheit mit dem Christentum in Verbindung zu bringen, ist dies nämlich aus historischer Perspektive durchaus fragwürdig.[16] Einer solchen idealistischen Darstellung könnte man unter Bezugnahme auf Reinhart Kosellecks Arbeit über »asymmetrische Gegenbegriffe« entgegentreten: Sogar innerhalb des Kanons grenzt das semantische Paar Christen/Heiden von Paulus bis Augustinus klar zwei Kategorien von Menschen mit unterschiedlichen moralischen Werten und eschatologischen Schicksalen voneinander ab; und bei ihrer Umsetzung in die kirchliche Praxis bewirkt diese Unterscheidung häufig eine Rassifizierung, Herabwürdigung und sogar Tötung von Muslimen während der Kreuzzüge, von Juden zur Zeit der Inquisition und allgemeiner noch der *»infedeles, impii, increduli, perfidi, inimici Dei«*.[17] Die christliche Ethik des Lebens war vor allem eine selektive Ethik des Lebens für die Christenheit.

16 Johannes Paul II., *Enzyklika »Evangelium vitae« an die Bischöfe, Priester und Diakone, die Ordensleute und Laien sowie an alle Menschen guten Willens über den Wert und die Unantastbarkeit des menschlichen Lebens* vom 25. März 1995.

17 Reinhart Koselleck, *Vergangene Zukunft. Zur Semantik geschichtlicher Zeiten*, Frankfurt am Main: Suhrkamp Verlag, 1979, bes. S. 229-244.

Wie auch immer ihre tatsächliche Übersetzung in die wirkliche Welt ausfiel, warf die Ideologie der Heiligkeit des Lebens und des absoluten Werts des Menschen für den ökonomischen Bereich Probleme auf. Da das menschliche Leben heilig sein sollte und seine Wertschätzung theoretisch absolut, war es nicht möglich, eine monetäre Entsprechung für es zu finden und auch nicht zulässig, Unterschiede in Bezug auf seinen Wert zu machen. Dies war besonders für die wachsende Lebensversicherungsbranche im 19. Jahrhundert ein Thema, wie Viviana Zelizer für die Vereinigten Staaten gezeigt hat.[18] »Lebensversicherungen wurden als Sakrileg empfunden«, erklärt sie, »weil ihre Funktion letztendlich in einer Entschädigung für den Verlust eines Vaters oder Ehemanns durch einen Scheck für dessen Witwe und Waisen bestand. Kritiker wandten ein, dass dies das heilige Leben eines Menschen in einen ›Handelsartikel‹ verwandeln würde.« Die Mennoniten gingen so weit, die Mitglieder zu exkommunizieren, die eine Lebensversicherung abschlossen. Damit sowohl die Kirche als auch die Laien diese neue Praxis akzeptierten, wurde deshalb ein doppelter Prozess der Ritualisierung von Lebensversicherungen und der Sakralisierung von Geld in Angriff genommen, der »neue Vorstellungen von Unsterblichkeit« einführte, »bei denen das Gedenken durch Geld im Vordergrund stand« und Kunden aufgrund ihrer »klugen und großzügigen Vorsorge« für ihre Angehörigen gelobt wurden. Man kann diese Entwicklung als Teil einer breiter angelegten Anstrengung interpretieren, die unternommen wurde, um das öffentliche Bild des Kapi-

18 Viviana Zelizer, *Economic Lives. How Culture Shapes the Economy,* Princeton: Princeton University Press, 2011, bes. S. 19-39.

talismus zu moralisieren. In diesem konkreten Fall bedeutete dies, dass über den »guten Tod« von Personen, die sich während ihres irdischen Lebens verantwortungsvoll verhalten hatten, weil sie ihren Hinterbliebenen Geldmittel hinterließen, eine Art Transzendierung der Finanzwelt angeregt wurde. Ein solches Manöver wich der Tatsache aus, dass durch die Bewertung von Leben im Allgemeinen auch Leben im Besonderen bewertet wurden, und legitimierte so deren Ungleichheit. Denn sogar im Hinblick auf die materielle Unsterblichkeit, die die Lebensversicherungen ihren Kunden versprachen, blieben tiefgreifende Unterschiede bestehen.

Doch Schritt für Schritt setzte die Idee sich durch, dass ein verlorenes Leben eine monetäre Entsprechung haben könnte. In dieser Hinsicht ist es interessant, die Auseinandersetzungen um die Lebensversicherung zu Beginn des 19. Jahrhunderts mit den Streitigkeiten im Umfeld der finanziellen Entschädigungen für Todesopfer zu vergleichen, die sich Ende des 20. Jahrhunderts abgespielt haben. Während es im ersten Fall um die Frage ging, ob man dem menschlichen Leben einen ökonomischen Wert beimessen sollte, wurde im zweiten Fall die Frage aufgeworfen, ob die bewilligte Summe ausreichend sei. Nachdem die Wahrheits- und Versöhnungskommission in Südafrika eine offizielle Liste der unter der Apartheid begangenen Verbrechen zusammengestellt hatte, mussten die Familien der Opfer fünf Jahre warten, bevor sie vom Staat eine finanzielle Entschädigung erhielten, und die Einmalzahlung, die sie bekamen, betrug weniger als ein Viertel von dem, was die Kommission empfohlen hatte: Die anfängliche Ungeduld derer, die unter Schmerzen eine Aussage über die in der Vergangenheit erlittenen Verletzungen gemacht hatten, verwandelte sich in tiefe Wut, weil die Schadenersatzhöhe als »beleidigend« empfunden wurde.[19] Doch die Entschädigung für Todesopfer unterscheidet sich an einem wichtigen Punkt von der Lebensversicherung: Sie ist ein kollektives Anliegen.

So gerechtfertigt sie heute erscheinen mag, ist die Idee, dass der Schaden, der manchen Individuen oder Gruppen zugefügt wurde, als kollektive Schuld gegenüber diesen Individuen und Gruppen betrachtet werden sollte, vergleichsweise jung. In ihr setzt sich zweifellos die Entschädigungspolitik gegenüber den aufgrund eines Unfalls erwerbsunfähig gewordenen Arbeitern fort, die Ende des 19. Jahrhunderts in Preußen ihren Ausgang nahm und später in ganz Europa und Nordamerika Verbreitung fand. Doch das aktuelle Schadenersatzsystem weist wichtige Erweiterungen gegenüber dem vorherigen Modell auf. Erstens wird nicht nur die beteiligte Person, Gruppe oder Firma haftbar gemacht, sondern die Gesellschaft als Ganze wird für den Schaden, der einem ihrer Mitglieder zugefügt wurde, zur Rechenschaft gezogen. So sind in vielen Ländern unabhängig vom erlittenen Schaden und seiner Ursache besondere Geldmittel bereitgestellt und spezifische Institutionen für die Entschädigung von Menschen geschaffen worden, die unwägbaren Risiken ausgesetzt waren. Zweitens ist der Umfang des Opferstatus erheblich erweitert worden, sodass er jetzt auch Menschen einschließt, die indirekt betroffen sind: Das Schuldeingeständnis kann sogar Individuen oder Gruppen einschließen, die mehrere Generationen später leben, wie im Fall der Sklaverei. Beide Entwicklungen sind Kennzeichen eines bedeutenden Wandels im Verhältnis

19 Ginger Thompson, »South Africa to Pay $ 3,900 to Each Family of Apartheid Victims«, in: *The New York Times* vom 16. April 2003.

zur Schuld.[20] Opfer, die über einen langen Zeitraum nicht beachtet oder diskreditiert wurden, stehen jetzt in einem positiven Licht da und genießen Rechtmäßigkeit. Die ganze Nation fühlt sich ihnen gegenüber verpflichtet.

Die Anerkennung von Opfern und die mit ihr einhergehende Verpflichtung, Entschädigungszahlungen für ihren Verlust zu leisten, hat somit komplexe Beurteilungssysteme des Lebenswerts hervorgebracht. Es war vorhersehbar, dass eine solche soziale Neuerung Streitigkeiten und Ungleichgewichtungen nach sich ziehen würde. In den Vereinigten Staaten ist der nach dem 11. September geschaffene Victim Compensation Fund (Entschädigungsfonds für die Opfer des 11. September) der meistdiskutierte Fall gewesen.[21] Auf der Grundlage einer Schätzung des sich aus dem Unglücksfall ergebenden ökonomischen Verlusts, der durch einen Festbetrag für die hinterbliebenen Ehefrauen und Kinder als Wiedergutmachung für ihr Leid aufgestockt wurde, variierte der an die Familien ausgezahlte Betrag zwischen 788 000 US-Dollar für die niedrigen Einkommensgruppen und über sechs Millionen US-Dollar für die hohen Einkommen, wobei die Entschädigung für den Verlust einer Frau auf bloß 63 Prozent des Betrages geschätzt wurde, der beim Verlust eines Mannes zuerkannt wurde. Sogar noch augenfälliger als die Unterschiede in Bezug auf die Klasse und das Geschlecht waren die Abweichungen bei den Reaktionen der öffentlichen Hand auf andere Tra-

20 Didier Fassin/Richard Rechtman, *L'Empire du traumatisme. Enquête sur la condition de victime,* Paris: Flammarion, 2007.

21 Kenneth Feinberg, *What is Life Worth? The Unprecedented Effort to Compensate Victims of 9/11,* New York: Public Affairs, 2005; Bill Marsh, »Putting a Price on the Priceless. One Life«, in: *The New York Times* vom 9. September 2007.

gödien: Weder für die Geschädigten des Bombenanschlags in Oklahoma City, bei dem im Jahr 1995 168 Menschen getötet und 680 verletzt wurden, noch für die Opfer des Hurrikans Katrina, der im Jahr 2005 1245 Todesopfer forderte, wurde eine finanzielle Entschädigung gezahlt. Eher als die Art des Ereignisses oder sogar die Schwere der Schäden scheinen also die Emotionen, die ausgelöst wurden, und die moralische Gemeinschaft, die man sich vorstellte, die beobachteten Unterschiede zu erklären. Die von einem äußeren Feind, den man dämonisieren konnte, gegen das symbolische ökonomische Herz des Landes verübten Terroranschläge vom 11. September vereinten die Nation. Beim Bombenanschlag von Oklahoma City kam der Feind von innen und wurde noch dazu von einem weißen Kriegsveteranen aus der Mittelschicht verkörpert, was die Konstruktion einer betroffenen Gemeinschaft erschwerte. Die meisten Opfer von Hurrikan Katrina waren arme Schwarze, was in einem von einer langen Geschichte der Diskriminierung und Ungleichheit geprägten Land die Möglichkeit gemeinsamer Trauer einschränkte. Die zwischen den Leben errichteten Hierarchien beruhten also auf einer Kombination aus der sowohl impliziten als auch expliziten sozialen, emotionalen, moralischen und die Rasse betreffenden Bewertung, welche Leben von Bedeutung waren und welche Todesopfer eine Entschädigung verdienten.

Letzten Endes wird die Spannung zwischen einer Ethik des Lebens, die verkündet, das menschliche Leben sei heilig und deshalb unbezahlbar, und einer Politik des Lebens, die sich zur Bedeutung von finanzieller Wiedergutmachung bekennt, wenn jemand sein Leben verliert, und infolgedessen eine faire Einschätzung von dessen Preis erforderlich macht, noch dadurch vertieft, dass das Leben so nicht nur eine monetäre Entsprechung erhält, sondern der Entschädigungsprozess selbst zu ungleichen Resultaten führt. Der Schadenersatz, der für Kriegstote gezahlt wird, ist in dieser Hinsicht ein eindrucksvolles Beispiel. Für irakische Zivilisten, die versehentlich von der US-Army getötet werden, liegt die finanzielle Entschädigung bei ungefähr 4000 US-Dollar, wenn die Army ihre Verantwortung eingesteht. Für einen im Einsatz oder bei einem Unfall getöteten US-Soldaten kann das Sterbegeld sich auf über 800 000 US-Dollar belaufen.[22] Das Zahlenverhältnis in Bezug auf den Lebenswert liegt bei eins zu 200. Darüber hinaus haben alle Familien der 4500 getöteten US-Soldaten Anspruch auf ökonomische Wiedergutmachung, wohingegen für sehr wenige der Schätzungen zufolge 500 000 Iraker, die infolge des Einmarsches in ihr Land ums Leben kamen, ein solcher Schadenersatzanspruch zu bestehen scheint.

*

Doch die ökonomische Bewertung des Lebens ist nur ein Indikator dafür, wie unterschiedlich Leben von den einzelnen Gesellschaften und innerhalb der einzelnen Gesellschaften bewertet werden. Sie misst solche

22 American Civil Liberties Union, *ACLU Releases Files on Civilian Casualties in Afghanistan and Iraq*, 12. April 2007, ⟨https://www.aclu.org/news/aclu-releases-files-civilian-casualties-afghanistan-and-iraq?redirect=cpredirect/29316⟩; Kenneth Reich, »Soldier's Benefits Could Exceed $ 800,000«, in: *Los Angeles Times* vom 5. April 2003; iCasualties, *Iraq Coalition Casualties. Fatalities By Year*, ⟨http://icasualties.org/iraq/ByYear.aspx⟩; Amy Hagopian/Abraham Flaxman/Tim Takaro et al., »Mortality in Iraq with the 2003-2011 War and Occupation«, in: *PLOS Medicine*, ⟨http://journals.plos.org/plosmedicine/article?id=10.1371/journal.pmed.1001533⟩.

Unterschiede und bringt sie ans Licht – oder zumindest einen ihrer Aspekte. Es könnte sogar sein, dass sie sie verstärkt, aber sie verursacht sie nicht. Was verursacht sie dann? Eine interessante Antwort auf diese Frage ist vor mehr als 100 Jahren formuliert worden. In einem Essay von 1913 über das, was damals bezeichnenderweise »Moralstatistik« hieß, hat Maurice Halbwachs geschrieben, dass der »Tod und das Alter, in dem er eintritt, vor allem ein Ergebnis des Lebens und der Umstände sind, unter denen es sich entwickelt hat«, und diese Bedingungen seien »mindestens im gleichen Maße sozial wie physisch«.[23] Seiner Meinung nach war die Haupterklärung für die an verschiedenen Orten beobachteten Abweichungen bei der Sterblichkeit »die Einschätzung des Lebens durch die Gesellschaft«, und er schloss: »Es gibt gute Gründe für die Annahme, dass eine Gesellschaft die Sterblichkeit hat, die sie verdient, und die Zahl der Todesfälle und ihre Verteilung auf die verschiedenen Altersgruppen bringt getreu zum Ausdruck, wie groß die Bedeutung ist, die eine Gesellschaft der Lebensverlängerung beimisst.« 50 Jahre später hat Georges Canguilhem Halbwachs' These in *Das Normale und das Pathologische* inhaltlich weiterentwickelt, aber merkwürdigerweise die Rolle der Gesellschaft bei der Erzeugung oder Verringerung von Ungleichheit auf die Praktiken im öffentlichen Gesundheitswesen beschränkt. »Mit anderen Worten«, erklärt er, »da die Techniken der kollektiven Gesundheitsvorsorge zur Verlängerung des menschlichen Lebens bzw. die gewohnheitsmäßige Fahrlässigkeit, die zu seiner Verkürzung beiträgt, von der Wertschätzung

23 Maurice Halbwachs, *La Théorie de l'homme moyen. Essai sur Quetelet et la statistique morale*, Paris: Librairie Félix Alcan, 1913, bes. S. 94-97.

des Lebens in einer bestimmten Gesellschaft abhängen, zeugt die abstrakte Zahl der durchschnittlichen Lebensdauer von Menschen letzten Endes von einem Werturteil.«[24] Bemerkenswerterweise scheint sowohl Halbwachs als auch Canguilhem die Tatsache zu entgehen, dass ihre luzide Analyse nicht nur dann einschlägig ist, wenn man Gesellschaften miteinander vergleicht, sondern auch dann, wenn man die Sozialkategorien innerhalb einer bestimmten Gesellschaft betrachtet. Denn ihre Interpretation lässt sich gleichermaßen auf nationaler wie auf internationaler Ebene anwenden: Es ist »die Einschätzung des Lebens durch die Gesellschaft«, wie Halbwachs es ausdrückt, und die »Wertschätzung des Lebens«, wie Canguilhem es nennt, die die unterschiedlichen Sterblichkeitsraten in den einzelnen Gesellschaften und in den einzelnen Sozialkategorien erklären.

Dieser Gedanke einer sozialen Determination der Lebenserwartung läuft zwar dem Common Sense zuwider, für den der Tod ein natürliches Phänomen darstellt, über das individuelle biologische Eigenarten und Verhaltensmerkmale bestimmen: Schlechte Gene und schlechte Angewohnheiten erklären dann, warum manche Menschen nicht so lange leben wie andere. Er läuft auch den Grundlagen der demokratischen Regierungsformen selbst zuwider, deren Prinzip in der Gleichheit der Bürger und dem Recht auf Leben besteht. Die Unabhängigkeitserklärung der Vereinigten Staaten versichert zum Beispiel, »daß alle Menschen gleich erschaffen worden, daß sie [...] mit gewissen unveräusserlichen Rechten begabt wor-

24 Georges Canguilhem, *Das Normale und das Pathologische* (Aus dem Französischen von Monika Noll und Rolf Schubert), München: Carl Hanser Verlag, 1974, bes. S. 103-198, hier S. 107, französische Erstausgabe 1966.

den, worunter sind Leben, Freyheit und das Bestreben nach Glückseligkeit«, nicht unerwähnt bleiben sollte dabei allerdings, dass ein früherer, von Thomas Jefferson geschriebener Entwurf einen substantiellen Abschnitt enthielt, der die Sklaverei verurteilte und nach einer heftigen Debatte unter den in Philadelphia versammelten Delegierten aus der Endfassung gestrichen wurde.[25] Es ist aufschlussreich, dass der Gedanke eines Zusammenhangs zwischen der physischen und der moralischen Dimension der Ungleichheiten des Lebens auf den ersten Seiten eines Texts aufs entschiedenste bestritten wird, der hinsichtlich dieses Themas als Klassiker gilt: der *Diskurs über den Ursprung und die Grundlagen der Ungleichheit unter den Menschen.*[26] »Ich unterscheide in der menschlichen Art zwei Arten von Ungleichheit«, schreibt Jean-Jacques Rousseau, »die eine, die ich natürlich oder physisch nenne, weil sie durch die Natur begründet wird, und die im Unterschied der Lebensalter,

25 Charters of Freedom, *Declaration of Independence of the Thirteen United States of America,* 1776, ⟨http://www.archives.gov/exhibits/charters/declaration_transcript.html⟩ ⟨dt.: *Unabhängigkeitserklärung der Vereinigten Staaten von Amerika*, 1776, ⟨https://de.wikisource.org/wiki/Unabh%C3%A4ngigkeitserkl%C3%A4rung_der_Vereinigten_Staaten_von_Amerika⟩⟩; Thomas Jefferson, *Original Rough Draft of the Declaration of Independence*, Washington, DC: Library of Congress, 1776, ⟨https://www.loc.gov/exhibits/declara/ruffdrft.html⟩ ⟨dt.: Thomas Jefferson, *Auswahl aus seinen Schriften* (Aus dem Englischen von Walter Grossmann), Cambridge, MA: Schoenhof Publishers, 1945, S. 15-23⟩.

26 Jean-Jacques Rousseau, *Discours sur l'origine et les fondements de l'inégalité parmi les hommes,* Paris: GF Flammarion, 1971, Erstausgabe 1754 ⟨dt.: *Diskurs über die Ungleichheit* (Aus dem Französischen von Heinrich Meier), Paderborn: Verlag Ferdinand Schöningh, 6. Aufl. 2008, S. 67ff.⟩.

der Gesundheit, der Kräfte des Körpers und der Eigenschaften des Geistes oder der Seele besteht; und die andere, die man moralische oder politische Ungleichheit nennen kann, weil sie von einer Art Konvention abhängt und durch die Zustimmung der Menschen begründet oder zumindest autorisiert wird. Die Letztere besteht in den unterschiedlichen Privilegien, die einige zum Nachteil der anderen genießen – wie reicher, geehrter, mächtiger als sie zu sein oder sich sogar Gehorsam bei ihnen zu verschaffen.« Folglich »kann [man] nicht fragen, welches die Quelle der natürlichen Ungleichheit ist, weil die Antwort sich in der einfachen Definition des Wortes ausgesprochen fände. Noch weniger kann man danach suchen, ob es nicht eine essentielle Verbindung zwischen den beiden Ungleichheiten gäbe.« Dass die Ungleichheit der physischen Leben von deren moralischer Bewertung abhängt, ist mithin eine Wahrheit, die sich dem Common Sense, der politischen Rhetorik und sogar dem philosophischen Denken widersetzt. Wie Lorraine Daston darlegt, waren zwei Voraussetzungen erforderlich, damit man eher an »Lebenschancen« denken konnte als an ein »Glücksrad«: »die Vorstellung von statistischen Regelmäßigkeiten und der Glaube an das Vorhandensein homogener Kategorien von Menschen, auf die die Regelmäßigkeiten zutrafen«.[27] Keine von beiden lag nahe. Die Erfindung von Demographie und Epidemiologie erfüllte diese Voraussetzungen.

Doch es kommt vor, dass die Unterschiede der Leben so extrem sind, dass sie spürbar werden, ohne statistisch erfasst worden zu sein, zumindest für diejenigen, die un-

27 Lorraine Daston, »Life, Chance & Life Chances«, in: *Daedalus*, 2008, Winter, S. 5-14.

ter ihnen leiden. Dies ist jüngst in den Vereinigten Staaten anlässlich des Eingeständnisses der unverhältnismäßig häufigen Tötung afroamerikanischer Männer durch die Polizei geschehen. Noch vor wenigen Jahren wäre ein solcher Erfolg kaum denkbar gewesen. In der Zeit, als ich die Arbeit der städtischen Polizei in den sozial schlechter gestellten Pariser Vororten untersuchte, führte ich ein erhellendes Gespräch mit einem Kollegen, der viele Jahre in den Armenvierteln US-amerikanischer Großstädte gearbeitet hatte. Als ich ihm erzählte, dass in Frankreich alle Unruhen in den Städten seit den 1980er Jahren eine Reaktion auf den Tod von Jugendlichen aus ethnisch-rassischen Minderheiten und sozialen Schichten mit niedrigem Einkommen gewesen seien, dessen Ursache gewaltsame Zusammenstöße mit den Ermittlungsbeamten waren, scherzte er, dass wenn solche Vorfälle in den Vereinigten Staaten ähnliche Reaktionen hervorrufen würden, das Land ständig im Aufruhr wäre. Der Tod von Afroamerikanern unter solchen Umständen würde im Grunde genommen niemanden kümmern, merkte er an. Seine Äußerung war mit Sicherheit nicht unbegründet. Denn der Kontrast zwischen beiden Ländern ist sogar schon zum Forschungsgegenstand geworden und Sozialwissenschaftler haben soziopolitische Erklärungen vorgelegt, warum es in Frankreich häufig und in den Vereinigten Staaten gar nicht zu Unruhen gekommen ist.[28] Dann wurde im Sommer 2014 der junge Afroamerikaner Michael Brown in Ferguson, Missouri, von einem weißen Polizeibeamten erschossen. Auf die folgenden Proteste reagierten die militärisch organisier-

28 Cathy Lisa Schneider, *Police Power and Race Riots. Violent Unrest in Paris and New York*, Philadelphia: University of Pennsylvania Press, 2014.

ten Ordnungskräfte mit harschen Unterdrückungsmaßnahmen. Sowohl an dem Tod als auch an den Unterdrückungsmaßnahmen entzündeten sich landesweite Demonstrationen unter dem Motto »Black Lives Matter«.

Auf einmal entdeckte das Land die hohe Zahl der Polizeimorde und ihre ungleiche Verteilung – eine Tatsache, die den afroamerikanischen Communitys bestimmt nicht neu war. Bis dahin waren die meisten Todesfälle, die unter solchen Umständen auftraten, in den offiziellen Statistiken nicht erfasst worden, die nicht veröffentlicht, geschweige denn diskutiert wurden. Als Zeichen, dass diese Leben nicht zählten, wurden sie in den Vereinigten Staaten gar nicht erst gezählt. Als britische Journalisten im Jahr 2015 die erste unabhängige Statistik aufstellten, kam heraus, dass es innerhalb von zwölf Monaten zu 1134 Todesfällen im Gewahrsam von Ermittlungsbeamten gekommen war, wobei die Wahrscheinlichkeit, von der Polizei getötet zu werden, für junge schwarze Männer neun Mal so hoch war wie für andere Menschen und fünf Mal so hoch wie für gleichaltrige weiße Männer. Zudem fällt die Annahme schwer, dass der Unterschied ganz einfach darauf beruhen könnte, dass Schwarze objektiv gefährlicher sind als Weiße, wenn die Wahrscheinlichkeit, unbewaffnet gewesen zu sein, als sie erschossen wurden, bei ersteren doppelt so hoch war wie bei letzteren.[29] Dass öffentliche Ordnungskräfte in den Vereinigten Staaten an einem einzigen Tag mehr Menschen töten als während eines ganzen Jahres in Großbritannien, legt nahe, dass bei der Wertschätzung der Leben ein sehr großer Unterschied zwischen beiden

29 John Swaine/Oliver Laughland/Jamiles Lartey/Ciara McCarthy, »Young Black Men Killed by US Police at Highest Rate in Year of 1,134 Deaths«, in: *The Guardian* vom 31. Dezember 2015.

Ländern besteht, dass aber im ersten Fall das Zahlenverhältnis bei getöteten schwarzen und weißen jungen Männern fünf zu eins ist, deutet darüber hinaus auf eine Rassenhierarchie innerhalb dieser Wertschätzung hin. Dass die Beamten, die töten, in diesem Rechtssystem nur selten bestraft – oder überhaupt auch nur vor Gericht gestellt – werden, ist ein weiterer Hinweis darauf, dass diese Leben für verzichtbar gehalten werden. In sieben Jahren wurden 41 Beamte des Mordes oder Totschlags bei Schüssen im Dienst beschuldigt, was weniger als ein Prozent aller Polizistenmorde ausmacht.[30] In fast allen Fällen entschied eine Grand Jury, sie nicht anzuklagen, wohingegen bei gewöhnlichen Bürgern eine Anklage nahezu automatisch erfolgt, wenn sie ein Tötungsdelikt begehen.

Dass auf den Wert mancher Leben nicht genügend Rücksicht genommen wird, brachten die Leichtigkeit, mit der sie ausgelöscht werden konnten, und die Straffreiheit, die auf solche Vorkommnisse folgte, an den Tag. Dagegen richteten sich auch die Proteste quer durch die Vereinigten Staaten. Doch bald wurde deutlich, dass die brutalen Angriffe auf das physische Leben, die zum Tod von zumeist unbewaffneten, häufig auch noch geistig behinderten jungen Männern führten, nicht die alleinige Ursache für das Ausmaß der Empörung unter den Afroamerikanern waren. Diese wurde auch durch die nicht sichtbare Beeinträchtigung des sozialen Lebens der Schwarzen aufgrund der Polizeischikanen auf den Straßen geschürt, durch die Unfairness des Rechtssystems, den Missbrauch in den Strafanstalten sowie die

30 Zusha Elinson/Joe Palazzolo, »Police Rarely Criminally Charged for On-Duty Shootings«, in: *The Wall Street Journal* vom 24. November 2014.

Demütigung durch den ganz gewöhnlichen Rassismus im öffentlichen Raum und in den interpersonalen Beziehungen.[31] Wie wenig ihr Leben wert war, erlebten sie nicht bloß in den dramatischen Situationen, wenn einer von ihnen erschossen wurde, sondern in ihren alltäglichen Interaktionen mit den Behörden und deren Vertretern. Dies galt auch für den Arbeitsmarkt, auf dem ihre Arbeitslosigkeitsquote höher war und die Gehälter derjenigen, die einer Beschäftigung nachgingen, niedriger waren als bei der übrigen Bevölkerung; für den Immobilienmarkt, auf dem sie von bestimmten Wohnvierteln ausgeschlossen, skrupellosen Hauswirten ausgeliefert und peinlichen Zwangsräumungen ausgesetzt sind, wenn sie Wohnungen mieten; und schließlich für die örtliche Versorgung, wo ohne zu zögern die Ausgaben für das Gemeinwohl zu Lasten des öffentlichen Gesundheitswesens verringert werden, wie man anlässlich der Blei-

31 Victor Rios, *Punished. Policing the Lives of Black and Latino Boys*, New York: New York University Press, 2011; Alice Goffman, *On The Run. Fugitive Life in an American City*, Chicago: The University of Chicago Press, 2014 ‹dt.: *On the Run. Die Kriminalisierung der Armen in Amerika* (Aus dem Englischen von Thomas Wollermann, Noemi von Alemann und Gabriele Gockel), München: Verlag Antje Kunstmann, 2015›; Laurence Ralph, *Renegade Dreams. Living Through Injury in Gangland Chicago*, Chicago: The University of Chicago Press, 2014; Matthew Desmond, *Evicted. Poverty and Profit in the American City*, New York: Crown Publishers, 2016; Ta-Nehisi Coates, *Between the World and Me*, New York: Penguin Books, 2015 ‹dt.: *Zwischen mir und der Welt* (Aus dem Englischen von Miriam Mandelkow), München: Hanser Berlin, 2016›; Mona Hanna-Attisha/Jenny LaChance/Richard Casey Sadler/Allison Champney Schnepp, »Elevated Blood Lead Levels in Children Associated with the Flint Drinking Water Crisis«, in: *American Journal of Public Health*, 2016, 106 (2), S. 283-290.

vergiftungsepidemie in Flint herausfand, nachdem die Wasserversorgung umgestellt wurde.

Für die Demonstranten war die Kontinuität zwischen Sklaverei, Segregationsgesetzen und gegenwärtigen Ausdrucksformen unterschiedlicher Behandlungsweisen kein intellektuelles Konstrukt. Sie lief dem optimistischen offiziellen Narrativ zuwider, das den Akzent auf die Errungenschaften der Bürgerrechtsbewegung und den Beginn einer postrassischen Gesellschaft legte. Insofern bedeutet »Black Lives Matter« mehr als das Einfordern von Gerechtigkeit für die Opfer von Polizeigewalt. Es ist im Grunde ein Ruf nach einer anderen moralischen Ökonomie, in der die Leben unabhängig von der Hautfarbe und dem sozialen Status gleich bewertet werden würden. In einem Land, in dem die Zahl der inhaftierten Einwohner sich in den letzten drei Jahrzehnten versiebenfacht hat, sind schwarze Männer anteilsmäßig im Gefängnis acht Mal so häufig vertreten wie weiße Männer und im Vergleich zu weniger als einem Prozent der Allgemeinbevölkerung sitzt durchgängig einer von drei schwarzen Highschool-Abbrechern hinter Gittern. Ein Beleg für die unfaire Behandlung von Afroamerikanern durch die Strafbehörden ist, dass Kokainkonsumenten bis 2010 für den Besitz einer 100-mal geringeren Menge von Crack, das hauptsächlich in den schwarzen Armenvierteln verbreitet ist, zu Gefängnisstrafen verurteilt wurden, als es bei dem Kokain in Pulverform der Fall war, das vornehmlich in der Oberschicht erhältlich ist, obwohl die Wirkung und die Risiken vergleichbar sind.[32]

32 Bruce Western, *Punishment and Inequality in America*, New York: Russell Sage Foundation, 2006; American Civil Liberty Union, *Cracks in the System. Twenty Years of the Unjust Crack Cocaine Law*, Washington, D.C.: ACLU, 2006.

In Anspielung auf Orlando Pattersons Vergleich von Sklaverei mit sozialem Tod ist dieser Ausdruck zur Charakterisierung der Exklusion und Erniedrigung verwendet worden, mit denen in den Vereinigten Staaten eine Inhaftierung verbunden ist. Dies trifft besonders auf die 80000 Gefangenen zu, die an jedem einzelnen Tag und manchmal über Jahre in Einzelhaft sitzen, zu keinem anderen Menschen Kontakt haben als zu ihren Wachen und keine andere Ablenkung erfahren, als eine Stunde täglich allein in einem winzigen Hof zu verbringen – am berühmtesten ist der Fall der sogenannten »Angola Three«: jener drei Mitglieder der Black Panther, die insgesamt mehr als 100 Jahre unter diesen qualvollen Bedingungen absaßen.[33] Nach noch allgemeineren Beschreibungen erlebt ein erheblicher Teil der afroamerikanischen Armen auch nach dem Absitzen ihrer Strafe eine Form von sozialem Tod. Sie werden stigmatisiert, müssen mit dem Entzug oder der Beschneidung ihrer Rechte rechnen, mit der Einschränkung von Sozialleistungen, mit Diskriminierungen auf dem Arbeitsmarkt – alles Dinge, die ein normales Leben in weite Ferne rücken und sie der Gefahr aussetzen, rückfällig zu werden.

Doch die große Mehrzahl der Todesfälle ist nicht so sichtbar wie diejenigen, die auf Polizeimorde oder Masseninhaftierungen zurückgehen. Sie liegen in den Statistiken begraben. Die meisten von ihnen scheinen natürliche, durch Herz-Kreislauf-Erkrankungen, Diabetes,

33 Orlando Patterson, *Slavery and Social Death. A Comparative Study*, Cambridge, MA: Harvard University Press, 1982; Lisa Guenther, *Solitary Confinement. Social Deaths and Its Afterlives*, Minneapolis: University of Minnesota Press, 2013.

Leberzirrhose, Krebs oder Infektionen verursachte Todesfälle zu sein. Manche wirken zufällig: Berufs- und Verkehrsunfälle, Selbstmorde, Tötungsdelikte. Sozial relevant werden sie erst durch die Arbeit von Demographen und Epidemiologen, die Sterblichkeitsraten oder Lebenserwartung mit Kategorien wie der Klasse, dem Beruf, dem Ausbildungsniveau, der Rassenzugehörigkeit, den Lebensverhältnissen usw. in Verbindung bringen. Dabei äußert sich die Kausalität eher in Form von Wahrscheinlichkeit und Chancenverhältnissen, Gefahrenklassen und Risikogruppen denn als eindimensionaler Determinismus. Tabellen, Kurven und Fallversuche machen deutlich, dass eine Gesellschaft infolge des Werts, den sie dem Leben beimisst, im Durchschnitt nicht nur die Sterblichkeit hat, die sie verdient, wie Halbwachs und Canguilhem schrieben, sondern dass die in ihr in Bezug auf die Sterblichkeitsrate und die Lebenserwartung herrschende Ungleichheit auch die soziale Werthierarchie widerspiegelt.

Und wiederum sind die Vereinigten Staaten ein Paradebeispiel, weil hier die Unterschiede zwischen den sozioökonomischen und ethnisch-rassischen Gruppen so tief gehen, dass sie schwer auf dem Stellenwert lasten, den die Nation durchschnittlich erreicht. So liegt das Land derzeit weltweit in Bezug auf die Lebenserwartung bei Geburt an 34. und in Bezug auf die Sterblichkeit vor dem sechsten Lebensjahr an 42. Stelle, hinter Kuba; in Bezug auf die Wahrscheinlichkeit des vorzeitigen Sterbens eines Erwachsenen im Alter zwischen 15 und 60 Jahren liegen die Vereinigten Staaten bei den Männern auf Rang 44, gleichauf mit Algerien, und bei den Frauen auf Rang 48, gleichauf mit Armenien. Solch ein niedriger Stellenwert ist umso atemberaubender, als die Vereinigten Staaten bei weitem das Land mit den höchsten

Gesundheitskosten sind.[34] Die Erklärung dafür ist mathematisch, der Grund soziologisch. Zum einen ist die Lebenserwartung bei Geburt von schwarzen Männern sechs Jahre niedriger als von weißen Männern; bei den Frauen liegt der Unterschied bei viereinhalb Jahren. Bei beiden Geschlechtern ist die Todesrate im Alter zwischen 25 und 64 unter Schwarzen beinahe doppelt so hoch wie unter Weißen. Dies ist nicht nur eine Frage der Hautfarbe: Bei der Lebenserwartung beträgt der Abstand zwischen den reichsten ein Prozent und den ärmsten ein Prozent fast 15 Jahre bei den Männern und zehn Jahre bei den Frauen. Und wenn man die Größen von Rasse und Klasse zusammennimmt, liegt der Unterschied in der Lebenserwartung von weißen Collegeabsolventen und schwarzen Highschool-Abbrechern bei 14 Jahren für die Männer und zehn Jahren für die Frauen.[35] Bei solchen Unterschieden ist das schlechte Abschneiden des Landes kaum eine Überraschung, weil der geringe Stellenwert, den die Schwarzen und die Minderheiten erreichen, den nationalen Durchschnitt in allen Kategorien nach unten zieht. Zum anderen spielen bei der Ausdeutung der rassischen und sozialen Ungleichheit nicht

34 Stephen Bezruchka, »The Hurrider I Go, the Behinder I Get. The Deteriorating International Ranking of U.S. Health Status«, in: *Annual Review of Public Health*, 2012, 33, S. 157-173.

35 David Williams/Selina Mohammed/Jacinta Leavell et al., »Race, Socioeconomic Status and Health«, in: *Annals of the New York Academy of Sciences*, 2010, 1186, S. 69-101; Raj Chetty/Philip Stepner/Sarah Abraham et al., »The Association Between Income and Life Expectancy in the United States, 2001-2014«, in: *JAMA*, 2016, 315 (16), S. 1750-1766; Jay Olshansky/Toni Antonucci/Lisa Berkman et al., »Differences in Life Expectancy Due to Race and Educational Differences Are Widening And Many May Not Catch Up«, in: *Health Affairs*, 2012, 31 (18), S. 1803-1810.

nur ökonomische Faktoren eine Rolle, wie man lange Zeit dachte, sondern auch soziologische und psychologische Faktoren, die mit der alltäglichen Erfahrung von Diskriminierung und Geringschätzung zusammenhängen und für die immer mehr wissenschaftliche Belege gesammelt werden.[36] Die Statistik liefert jedoch nur einen – wenn auch entscheidenden, da sie die Verbindung zwischen Variablen wie der Klasse und der Sterblichkeit herstellt – Bestandteil der Analyse. Die Ethnographie bietet eine ergänzende Perspektive, indem sie die Logiken und Prozesse analysiert, die diesen statistischen Zusammenhängen zugrunde liegen. Dies werde ich anhand der Biographien zweier Männer zu zeigen versuchen, die ich im Rahmen zweier Langzeitstudien gut kennengelernt habe.

Im ersten Fall handelt es sich um einen jungen Marokkaner, der im Alter von zwölf Jahren nach Frankreich kam.[37] Nach der Konsolidierung seiner eigenen materiellen Lage hatte sein Vater, der Bauarbeiter war, seine Frau und vier Kinder gebeten, zu ihm zu ziehen. Über das Verfahren der Familienzusammenführung wurden sie schnell regularisiert, was damals relativ einfach war, und die Familie lebte zusammen in einer Sozialwohnung in den Pariser Vorstädten. Der Heranwachsende hatte Lernschwierigkeiten und brach schließlich die Schule ab. Nach einer Ausbildung zum Dreher fand er trotzdem keine Anstellung: Die Wirtschaftslage des Landes war ungünstig, die Arbeitslosigkeit wuchs und auf dem

36 Nancy Krieger, »Discrimination and Health«, in: Lisa Berkman/Ichiro Kawachi (Hrsg.), *Social Epidemiology*, Oxford: Oxford University Press, 2000, S. 36-75.

37 Didier Fassin, »Une double peine. La condition sociale des immigrés malades du sida«, in: *L'Homme*, 2001, 160, S. 137-162.

Arbeitsmarkt war Rassendiskriminierung weit verbreitet. Auf sich allein gestellt, saß er untätig in seinem Viertel herum, machte die falschen Bekanntschaften, nahm Heroin, beging Ordnungswidrigkeiten und wurde schließlich zu einer Gefängnisstrafe verurteilt. Nach einem Jahrzehnt voller Schwierigkeiten stellte er im Alter von 28 Jahren fest, dass er HIV-positiv war. Mittlerweile war er ohne gültige Papiere, weil man ihm seine Aufenthaltserlaubnis aufgrund seiner Verurteilungen entzogen hatte. Aus Angst, abgeschoben zu werden, lebte er fast ohne Geld mit seiner Frau, die stundenweise als Hausangestellte arbeitete, und vier Kindern, die alle einen rechtlichen Status besaßen, versteckt in einer besetzten Wohnung. Als er an Tuberkulose erkrankte, wurde er unter dem Namen seines Bruders ins Krankenhaus eingeliefert, aber der Identitätsdiebstahl wurde entdeckt. Wieder zu Hause, brach er seine Behandlung ab, weil er Angst hatte, das Pflegepersonal würde die Einwanderungsbehörde über ihn informieren, wenn er die Klinik aufsuchte, was zu jener Zeit gängige Praxis war. Sein Gesundheitszustand verschlechterte sich rapide, aber er lehnte es weiterhin ab, einen Arzt hinzuzuziehen. Als er sich schließlich einverstanden erklärte, war es zu spät. Er starb einige Tage später im Alter von 36 Jahren.

Der zweite Fall ist der eines im ländlichen Norden Südafrikas geborenen Mannes.[38] Wie die meisten Bewohner dieser Region, in der die weiße Regierung die schwarzen Bauern gemäß dem Native Land Act von 1913 und von 1936 enteignet hatte, arbeitete sein Vater

38 Didier Fassin, »A Violence of History. Accounting for AIDS in Post-apartheid South Africa«, in: Barbara Rylko-Bauer/Linda Whiteford/Paul Farmer (Hrsg.), *Global Health in Times of Violence*, Santa Fe: School of Advanced Research, 2009, S. 113-135.

mit seiner Frau und seinen Kindern auf der Farm eines weißen Grundbesitzers. Die Löhne waren niedrig, die materiellen Verhältnisse schlecht. Im Alter von 20 Jahren verließ der Sohn die Farm, nachdem er für das Essen von erntefrischen Mangos körperlich bestraft worden war. Solche Züchtigungen waren damals nicht ungewöhnlich. Sie bestanden in einem öffentlichen Auspeitschen vor den Augen der anderen Arbeiter. Gedemütigt zog sich der junge Mann in den benachbarten, kurz zuvor vom Apartheidsregime für das Pedi-Volk geschaffenen Bantustan zurück, wo er vergeblich eine Beschwerde bei der Polizei einreichte. Bald fand er eine anständig bezahlte Anstellung als Gärtner für die öffentliche Verwaltung und heiratete schließlich eine Frau, die als Hausmädchen für eine ortansässige Familie arbeitete. Als er mehrere Monate später Arbeitskräfte benötigte, verlangte der weiße Grundbesitzer seine Entlassung von der Verwaltung des Bantustans, die ihn zur Rückkehr auf die Farm zwingen sollte. Der junge Mann war genötigt, sich von seiner Frau zu trennen, und hatte keine andere Wahl, als wieder für seinen früheren Arbeitgeber zu arbeiten, der irgendwann unter dem Druck eines internationalen Konsortiums das Land verkaufen musste. In dem großen Agrarunternehmen, in dem er nun eine Anstellung fand, lebte der Mann mit ausschließlich männlichen schwarzen Arbeitern in Baracken. Nur wenn er seinen Monatslohn erhielt, konnte er zu seiner Frau reisen. Die übrige Zeit blieb er in der Barackensiedlung. An den Wochenenden kamen Frauen aus der nahegelegenen Kleinstadt, um Bier zu verkaufen, und einige blieben über Nacht bei den Arbeitern. Eines Tages wurde der Mann krank, so wie seine damalige Freundin kurz vorher. Im Krankenhaus wurde bei ihm Aids diagnostiziert und er wurde behandelt. Als er eine Woche später an seinen Arbeitsplatz zurückkehrte, wurde er entlassen. Als er darauf bestand, zumindest seinen letzten Lohn und eine Abfindung zu bekommen, bedrohte sein Chef ihn mit einem Gewehr. Der Mann war zu schwach, um sich einen anderen Job zu suchen, hatte sich endgültig mit seiner Frau auseinandergelebt, wusste nicht, wo er wohnen sollte und zog zu seiner Schwester in ein nahegelegenes Township. Wegen seiner Infizierung wurde er geächtet, er war unterernährt und wurde in eine Lehmhütte ganz hinten auf dem kleinen Gelände verbannt. Nach zwei Jahren solchen Elends erhielt er schließlich eine Schwerbehindertenrente von der Regierung. Dadurch wurde er finanziell unabhängig, er konnte sich eine eigene kleine Wohnung suchen und dank der medizinischen Versorgung im öffentlichen Krankenhaus zumindest für einige Zeit überleben.

Diese beiden in ihren jeweiligen geographischen und historischen Kontexten relativ alltäglichen Lebensgeschichten stellen so etwas wie den Inbegriff von Ungleichheit dar, das heißt die Übersetzung von sozialen Unterschieden in physische Funktionsstörungen mit potenziell tragischen Auswirkungen: jene Art von Verlassenheit, die João Biehl anhand der Geschichte einer an einer neurologischen Krankheit leidenden Frau analysiert, die in einem Hospiz in Porto Alegre dem Tod überlassen wurde, das ironischerweise den Namen Vita trug.[39] Im ersten Fall schaffen das Herausreißen des marokkanischen Jugendlichen aus der Umgebung seiner Kindheit, sein Umzug in eine Sozialwohnung, sein Schulversagen und seine Arbeitslosigkeit zusammen die Bedingungen für seine Gefährdung durch die Drogensucht,

39 João Biehl, *Vita. Life in a Zone of Abandonment*, Berkeley: University of California Press, 2005.

die seine Infizierung verursacht, und für seine Kontakte zu kriminellen Netzwerken, die ihm den Entzug seiner Aufenthaltsgenehmigung eintragen, was wiederum den Abbruch seiner Behandlung zur Folge hat. Im zweiten Fall tragen der Verlust des Landes durch die Enteignung der Schwarzen, die harten, an Leibeigenschaft grenzenden Arbeitsbedingungen auf der traditionellen Farm, auf der der Grundbesitzer nicht nur selber Recht sprechen, sondern auch die Rechte des Jugendlichen beschneiden kann, und die gesundheitsschädigende Arbeitsorganisation in dem großen Agrarunternehmen, die zur Trennung von Paaren und zum Einlassen auf Alkohol und Frauen in der Freizeit führt, zum Abreißen der Verwandtschaftsbeziehungen bei und erhöhen die Gefahr von sexuell übertragbaren Krankheiten.

Selbstverständlich soll »Inbegriff« hier nicht heißen, dass zwischen dem Sozialen und dem Physischen ein einfacher, unausweichlicher Determinismus besteht. Nicht alle Immigranten in Frankreich und nicht alle armen Farmarbeiter in Südafrika infizieren sich mit HIV, auch wenn das Risiko in diesen Gruppen sehr viel höher ist als in der übrigen Bevölkerung. Aber in beiden Fällen spiegelt sich im Umgang mit den Menschen eine Politik des Lebens wider, die auf der Ungleichbewertung dieser Leben beruht. Die vom Staat ergriffenen politischen Maßnahmen und die von den Regierungen verabschiedeten Gesetze spielen innerhalb dieses Prozesses eine entscheidende Rolle: die Einwanderungsgesetze, insofern sie für von Ausländern begangene Vergehen sogar zu Lasten von deren Gesundheitszustand und Familienleben zusätzliche Strafen festlegen; das Apartheidsregime, insofern es Schwarzen ihr Land und ihre Rechte vorenthält, ihre materielle Existenz so schwierig macht, dass sie in ihrer Heimat nicht überleben können, und sie dauerhaft in eine Lage der Quasi-Gefangenschaft bringt, in der sie ihrem Arbeitgeber auf Gedeih und Verderb ausgeliefert sind. Nicht unterschlagen sollte man aber, dass politische Maßnahmen natürlich auch den gegenteiligen Effekt haben können. Einige Jahre nach dem Tod des Marokkaners wurden in Frankreich zwei Gesetze verabschiedet: Das eine, unter einer sozialistischen Regierung, ermöglichte die Regularisierung von Immigranten ohne gültige Papiere, wenn ihr Gesundheitszustand dies rechtfertigte; das andere schaffte, mit konservativer Mehrheit, die Doppelbestrafung ab, die in der Abschiebung der Straftäter nach ihrem Gefängnisaufenthalt bestanden hatte. Hätte er länger gelebt, wären dem Mann möglicherweise beide Maßnahmen zugutegekommen und sein Schicksal wäre vielleicht weniger unglücklich gewesen. Obwohl das Ende der Apartheid die Lebensbedingungen des Südafrikaners in seinem abgelegenen Landstrich nicht wirklich veränderte, war auch die vorübergehende Verbesserung seines physischen und sozialen Lebens, als er einige Jahre später krank wurde, die direkte Folge zweier von der demokratischen Regierung beschlossenen politischen Maßnahmen: der kostenlosen Behandlung von Schwerkranken und der Schwerbehindertenrente für ernsthaft erkrankte Personen. Doch Gesetze und politische Maßnahmen sind nicht die einzigen Faktoren, die Auswirkungen auf die Biographien der beiden Männer hatten. Die Politik des Lebens bezieht die ganze Gesellschaft ein. In den beiden Lebensgeschichten tragen Rassendiskriminierung, räumliche Segregation, ökonomische Ungleichheit und schließlich Ablehnung gemeinsam zu etwas bei, was sich mit einem sozialen Tod vergleichen lässt, in dem sich ihr biologischer Tod bereits ankündigt.

Was das tragische Schicksal der beiden Männer und

die Möglichkeit anbelangt, zwischen dem Sozialen und dem Biologischen eine Kausalverbindung herzustellen, sind die beiden Fallstudien, die ich vorgestellt habe, in gewisser Weise extrem. Doch eben weil sie die einzelnen Merkmale übertreiben, lassen sie zwei Tatsachen von allgemeiner Bedeutung deutlicher hervortreten. Erstens legen sie zwei Arten von Ungleichheit offen: Die eine beruht auf Ausschließung, die andere auf Ausbeutung. Bei der auf Ausschließung beruhenden Ungleichheit hält man das Individuum für sozial nutzlos; es wird im Grunde genommen sogar als Verursacher sozialer Kosten angesehen; sein Leben gilt als wertlos. Bei der auf Ausbeutung beruhenden Ungleichheit wird die Person als reine Arbeitskraft betrachtet; ihr Leben hat nur Wert, soweit es an der Wertproduktion beteiligt ist. Zweitens setzt die politische Ökonomie, die in diesen beiden Formen von Ungleichheit zum Ausdruck kommt, eine moralische Ökonomie voraus. Um Individuen oder Gruppen ausschließen oder ausbeuten zu können, muss man sein Handeln gegenüber anderen und sich selbst gegenüber rechtfertigen. Die Abwertung der betroffenen Individuen oder Gruppen dient als Rechtfertigung der Behandlung, die ihnen zuteilwird. Moralische Ökonomie und politische Ökonomie sind eng miteinander verknüpft, doch wie man an diesen Fällen sehen kann, geht die erste der letzteren voraus oder liegt ihr, besser gesagt, zugrunde.

*

Letzten Endes ist Politik eine Einmischung der Gesellschaft in Menschenleben. Die radikale, von Foucault aufgestellte These lautet, dass diese Einmischung in der Neuzeit ihren Schwerpunkt verlagert hat, indem sie das

Leben zu ihrem Hauptgegenstand machte und die Bevölkerung zu ihrem wichtigsten Handlungsziel. Doch in seinem Werk und dem seiner Nachfolger diente die Biopolitik meistens zur Erkundung des letzteren Aspekts (Bevölkerung) auf Kosten des ersten (Leben), und es wurde sehr viel mehr Nachdruck auf das »Wie« der Einmischung (die Technologien der Regierung) als auf das »Was« (den Gegenstand der politischen Maßnahme) gelegt. Ich bemühe mich, diesen Ansatz neu auszurichten, indem ich sowohl Leben als auch Politik ernst nehme. Was macht die Politik aus dem Leben und was macht sie mit den Leben? Bei dieser Verlagerung von der Biopolitik zur Politik des Lebens geht es nicht bloß um rein intellektuelle Fragen, sondern auch um politische. Durch die Berücksichtigung dieser Fragen deckt die Politik des Lebens auf, wie ungleich Menschen behandelt werden. Zwischen der Ethik des Lebens und der Politik des Lebens, das heißt zwischen dem Wert des Lebens als einem allgemeinen Prinzip und der Werthaftigkeit von Leben als einer konkreten Tatsache, besteht nämlich in der heutigen Welt ein tiefes Spannungsverhältnis.

Im Prinzip impliziert schon die Vorstellung vom unschätzbaren Wert des Lebens, dass es keine monetäre Entsprechung für es geben sollte. Dem ideologischen Kampf zur Durchsetzung von Lebensversicherungen ist die Herstellung einer solchen Äquivalenz gelungen. Die Entwicklung des Entschädigungssystems für Todesopfer im 20. Jahrhundert zeigt, wie groß der Konsens in Bezug auf eine solche Bewertung geworden ist: Die Höhe des Schadenersatzes ist mittlerweile strittiger als seine Legitimität. Faktisch offenbart die Beurteilung des Werts von Leben tiefsitzende Diskrepanzen unter den und innerhalb der einzelnen Gesellschaften, die verschiedenen Indikatoren zufolge in den letzten Jahrzehnten tendenziell zugenommen haben. Unverblümt kommen solche Ungleichheiten in den Unterschieden zum Ausdruck, die sich bei den Wiedergutmachungssummen für Kriegs- oder Unfallopfer beobachten lassen. Doch können sie sich auch indirekt bemerkbar machen, insbesondere durch die sozialen Unterschiede bei den Todesformen und beim Sterberisiko. Zwischen beiden besteht eine Verbindung, Erstere beschreiben eine Qualität, Letzteres eine Wahrscheinlichkeit. Parallel zum Begriff der Lebensform wäre so ein Begriff der Todesform vorstellbar, dem dasselbe Spannungsverhältnis zwischen Allgemeinem und Besonderem, Biologischem und Kulturellem, Gesetz und Gesetzespraxis innewohnt. Hier haben wir drei Todesformen festgestellt: den physischen Tod der Ermordeten, den sozialen Tod der aus der Gesellschaft Ausgeschlossenen und den unsichtbaren Tod, der sich nur anhand einer auffallend hohen Sterblichkeit in den Statistiken feststellen ließ. Bei jeder von ihnen folgt das Sterberisiko derselben, sich nach dem jeweiligen sozioökonomischen und ethnisch-rassischen Status richtenden Rangordnung.

Der sozialen Differenzierung liegt eine moralische Hierarchie zugrunde. Als wie wertvoll Menschen gelten – wofür in den Gesellschaften der Gegenwart ihr Einkommen stellvertretend sein könnte –, sagt in hohem Maße voraus, wie sie behandelt werden, was sich wiederum darauf auswirkt, wie gut und wie lang sie leben werden. Untersuchungen über die Sterblichkeitsunterschiede seit Ende des 18. Jahrhunderts haben die Rolle der sozialen Klasse in diesem Zusammenhang in ausreichendem Maße belegt und sich deshalb zu Recht den Arbeitsbedingungen und Produktionsverhältnissen zugewendet. Doch alles erklärt die politische Ökonomie nicht, und die moralische Ökonomie könnte sogar ein noch grundlegenderes Differenzierungselement darstellen. Nehmen wir nur die aufschlussreichsten Beispiele: Bei den Sklaven in den Vereinigten Staaten, den Schwarzen in Südafrika und den kolonialen Untertanen des Britischen Empire und des Französischen Kaiserreichs haben die moralische Entwürdigung und Herabsetzung die ökonomische Ausbeutung und politische Exklusion salonfähig, ja sogar wünschenswert gemacht. Obwohl diese Aspekte eng und möglicherweise unauflöslich miteinander verknüpft sind, hängt die Umgangsweise mit Menschen letzten Endes weniger davon ab, für was man sie benutzen möchte, als davon, welchen Wert man ihrem Leben beimisst.

In dem einflussreichen Aufsatz »Good People and Dirty Work« berichtet Everett Hughes, dass er sich, als er 1948 während einer Reise nach Deutschland »die Reaktionen der gewöhnlichen Deutschen auf die Gräuel der Konzentrationslager bemerkte«, die folgende Frage stellte: »Wie konnte unter und in gewissem Sinne durch Millionen von gewöhnlichen, zivilisierten Deutschen solch eine schmutzige Arbeit verrichtet werden?«[40] Er erwähnt ein lockeres Gespräch, das er mit einem Architekten in Frankfurt führte, der, nachdem er zum Ausdruck gebracht hatte, dass er sich für sein Volk schäme, gleichwohl hinzufügte: »Die Juden waren ein Problem. Sie kamen aus dem Osten. Sie sollten sie in Polen sehen: die unterste Klasse von Menschen, voller Läuse, schmutzig und arm, wie sie in ihren verdreckten Kaftanen in ihren Gettos herumlaufen. Nach dem Ersten Weltkrieg kamen sie hierher und wurden durch unglaubliche Methoden reich.« In seinem Kommentar zu diesem »mittel-

40 Everett Hughes, »Good People and Dirty Work«, in: *Social Problems*, 1962, 10 (1), S. 3-11.

guten Menschen«, wie er ihn ironisch nennt, stellt Hughes fest: »Nachdem er sich klar von diesen Menschen distanziert und sie zu einem Problem erklärt hatte, war er anscheinend geneigt, jemand anders die schmutzige Arbeit an ihnen verrichten zu lassen, zu der er selber nicht bereit war und für die er sich schämte.« Die Gewissensbisse, die der Architekt äußerte, fielen möglicherweise so zweischneidig aus, weil ihm klargeworden war, dass er sich stellvertretend auf irgendeine Weise an der Behandlung beteiligt hatte, die den Juden zuteilwurde.

Hughes zufolge lässt sich aus diesem Gespräch eine allgemeine Lehre ziehen. Mittäterschaft bei der Misshandlung von Menschen könnte alltäglicher sein, als man glauben möchte: »Möglicherweise liegt der Fall analog zu unserer Einstellung gegenüber verurteilten Verbrechern. Ab und zu bekommen wir Wind davon, dass die Gefangenen in den Zuchthäusern oder Gefängnissen misshandelt werden; oder möglicherweise wird bloß darüber berichtet, dass sie schlechtes Essen erhalten oder die Hygienebedingungen nicht gut sind. Vielleicht möchten wir nicht, dass Gefangene grausam behandelt oder schlecht ernährt werden, aber möglicherweise wird unsere Reaktion abgemildert durch die Vorstellung, dass sie so etwas verdient haben, weil sie irgendwie aus der Ingroup der guten Menschen herausgefallen sind.« Das Verbrechen, das sie begangen haben, scheint moralisch an ihnen haften geblieben zu sein, sodass sich der Wert, den wir ihnen beimessen, verringert, und die Behandlung, die man als angemessen für sie betrachtet, folgt derselben Abwärtsspirale.

Doch die Analyse sollte nicht an dieser Stelle stehen bleiben. Es liegt nicht nur an dem Glauben, sie hätten eine verwerfliche Tat verübt, dass sie es verdient haben könnten, misshandelt zu werden. Es liegt auch und vielleicht sogar mehr noch daran, wer sie überhaupt sind und für was sie stehen. Genauso wie der Architekt die Juden als Juden verunglimpfte – indem er ihnen sowohl ihr Elend als auch ihren Wohlstand vorwarf –, werden arme schwarze Gefangene weniger wegen des Unrechts, das sie begangen haben, herabgesetzt und empfindet man weniger aus diesem Grund Gleichgültigkeit gegenüber dem Leid, dem sie ausgesetzt sind, als deshalb, weil sie schwarz und arm sind. Allgemeiner gesagt, reichen bei manchen Individuen ihre Hautfarbe, ihre soziale Klasse, ihre sexuelle Orientierung, ihr Geschlecht und ihre Religion oftmals schon als Erklärung aus, warum sie auf diese Weise behandelt werden. Und es erklärt auch, warum viele darüber hinwegsehen und so zulassen, dass die himmelschreienden Ungleichheiten in der Politik des Lebens sich immer weiter fortsetzen.

Schluss
Ungleiche Leben

All die toten Stimmen ... – Was sagen sie? –
Sie sprechen über ihr Leben.
– Es genügt ihnen nicht, gelebt zu haben. –
Sie müssen darüber sprechen.

Samuel Beckett, *Warten auf Godot*, 1952

Am Ende dieser Studie stellt sich mit Nachdruck eine Frage, nämlich wo denn nun das »wahre Leben« ist, das Theodor W. Adorno in seinen *Minima Moralia* meint betrauern zu müssen. Eine in diesem Zusammenhang sehr häufig zitierte Wendung von Arthur Rimbaud scheint auf diese Frage eine ausweichende Antwort zu geben: »Das wahre Leben ist woanders.« Das Problem mit diesem in akademischen Arbeiten genauso wie in Lexikoneinträgen so oft wiederholten Satz ist allerdings, dass er apokryph ist. In *Eine Zeit in der Hölle* schreibt der 19-jährige Dichter nämlich: »Das wahre Leben ist abwesend.«[1] Vielleicht hat es mit seinen rastlosen Reisen bis

1 Arthur Rimbaud, *Poésies. Une saison en enfer. Illuminations*, Paris: Gallimard, 1998, Erstausgabe 1873 ⟨dt.: »Eine Zeit in der Hölle«, in: ders., *Sämtliche Dichtungen. Französisch und Deutsch* (herausgegeben und übertagen von Walther Küchler), Heidelberg: Verlag Lambert Schneider, 5. Aufl. 1978; aus der deutschen Übersetzung wird das von Fassin angesprochene Problem nicht ersichtlich, weil »absente«, abwesend, auch hier mit »woanders« (ailleurs) wiedergegeben wird⟩; Gil Anidjar, »The Meaning of Life«,

nach Aden und durch Abessinien zu tun, dass man sich vorstellt, er habe dieses Leben »woanders« gesucht, auch wenn er seiner »törichten Jungfrau« in Wahrheit in den Mund legt, dass es »abwesend« sei, und hinzufügt: »Wir sind nicht mehr auf Erden.« Diese rätselhafte Äußerung greift Emmanuel Levinas beinahe hundert Jahre später am Anfang von *Totalität und Unendlichkeit* wieder auf. Allerdings verfremdet er sie, indem er eine syntaktische Umkehrung vornimmt: »›Das wahre Leben ist abwesend.‹ Aber wir sind auf der Welt.«[2] Und sibyllinisch fährt er fort: »In diesem Alibi erhebt und hält sich die Metaphysik.« Diese geht nämlich Levinas zufolge aus der Bewegung von »einer uns vertrauten Welt« hin zu »einem fremden Außersich« hervor und hat so in einer radikalen Suche nach Andersheit ihren Ursprung: »Das metaphysische Begehren strebt nach *ganz Anderem*, nach dem *absolut Anderen*.« In diesem Sinne ist es transzendent, es versucht, den Abstand zwischen Absenz und Präsenz, zwischen Leben und Welt zu überwinden. Und auf eine ähnliche Transzendenz hin ist auch das letzte Textfragment der *Minima Moralia* ausgerichtet:[3] »Perspektiven müßten hergestellt werden, in denen die Welt ähnlich sich versetzt, verfremdet, ihre Risse und Schründe offenbart, wie sie einmal als bedürftig und entstellt im Messianischen Lichte daliegen wird.« »Aber«, fügt Adorno sogleich hinzu, dies ist »das ganz Unmögliche,

in: *Critical Inquiry*, 2011, 37, S. 697-723, und ⟨http://www.larousse.fr/encyclopedie/personnage/Arthur_Rimbaud/141035⟩.

2 Emmanuel Levinas, *Totalité et infini. Essai sur l'extériorité*, Den Haag: Martinus Nijhoff, 1961, S. 3, 21, 177, 222 ⟨dt.: *Totalität und Unendlichkeit. Versuch über die Exteriorität* (Aus dem Französischen von Wolfgang Nikolaus Krewoni), Freiburg/München: Karl Alber Verlag, 1987, S. 35, 63, 292, 359⟩.

3 Theodor W. Adorno, *Minima Moralia*, a. a. O., S. 281.

weil es einen Standort voraussetzt, der dem Bannkreis des Daseins, wäre es auch nur um ein Winziges, entrückt ist«. Eine Sackgasse, also.

Die Überlegungen, die ich in diesem Buch anzustellen versucht habe, gingen von einer damit verwandten Fragestellung aus. Sie betrafen das Spannungsverhältnis, das auch Levinas und in noch düsterer Form Adorno zum Ausdruck bringen, zwischen dem mutmaßlichen Verschwinden des Lebens und der behaupteten Selbstverständlichkeit der weltlichen Präsenz. Sie haben sich jedoch nicht bis in die Metaphysik erstreckt: Im Laufe dieser Studie war ausschließlich vom physischen Leben und von physischer Präsenz die Rede. Die Andersheit, die mich interessiert hat, beruht nicht auf Transzendenz, es ist die Andersheit des syrischen Flüchtlings und der Asylsuchenden aus Zimbabwe, der jungen palästinensischen Mutter und des Kurden im Hungerstreik, des algerischen Patienten ohne Aufenthaltsgenehmigung und des HIV-kranken südafrikanischen Bauern. Eine solche Andersheit setzt keinen Bezug zum Absoluten voraus, sie manifestiert sich in der ganz gewöhnlichen Beziehung, die sich aus der Umgangsweise mit prekären, gefährdeten und diskriminierten Leben ergibt. Es handelt sich schließlich nicht um die gleichzeitig abstrakte und normative Vorstellung vom »Antlitz, in dem sich der [...] Andere präsentiert«, wie Levinas schreibt, sondern um Tatsachen, die eine sich auf konkrete Situationen beziehende Beschreibung und Deutung verlangen: ein Lager in Calais und ein Viertel in Johannesburg, administrative Entscheidungen über kranke Ausländer in Frankreich und die medizinische Versorgung eines Kindes aus dem Gazastreifen in Israel, Eheschließungen von Behinderten im Senegal und Polizeimorde an jungen Schwarzen in den Vereinigten Staaten. Anstatt von einer

Metaphysik der Alterität müsste man also von einer Physik der Ungleichheit sprechen – wovon die Tatsache zeugt, dass die biologischen und biographischen Dimensionen der Formen des Lebens eng miteinander verknüpft sind und dass die Ethik des Lebens nicht unabhängig von der Politik des Lebens gedacht werden kann.

Natürlich ist die in diesem Buch eingenommene Perspektive, die die Frage der Ungleichheit in den Mittelpunkt der Untersuchung stellt, nicht unvoreingenommen; sie berücksichtigt nicht alle Aspekte, die das Leben ausmachen. So habe ich den Anteil der Ästhetik, der Lebenskunst und der Lebensstile ausgespart trotz des Platzes, den andere ihm völlig zu Recht eingeräumt haben.[4] Kulturelle Erwägungen, wie sie im Zusammenhang mit der Konsumgesellschaft oder mit Antizipationsszenarien angestellt worden sind,[5] habe ich bewusst unberücksichtigt gelassen. Eher als auf die Lebensgeschichten habe ich auf die Lebensformen geachtet; eher als auf die Vorstellungen vom guten Leben auf die Ethiken, die aus dem Leben das höchste Gut machen; eher als auf die Arten, wie Menschenleben regiert werden, auf die politischen Maßnahmen, an denen sich der unterschiedliche Wert erkennen lässt, den die Gesellschaften diesen Leben beimessen. Ich habe versucht, das Leben zu ver-

4 Alexander Nehamas, *The Art of Living. Socratic Reflections from Plato to Foucault*, Berkeley: University of California Press, 1998 ⟨dt.: *Die Kunst zu leben. Sokratische Reflexionen von Platon bis Foucault* (Aus dem Englischen von Michael Haupt), Hamburg: Rotbuch-Verlag, 2000⟩; Marielle Macé, *Styles. Critique de nos formes de vie*, Paris: Gallimard, 2016.

5 Zygmunt Bauman, *Consuming Life*, Cambridge: Polity Press, 2007 ⟨dt.: *Leben als Konsum* (Aus dem Englischen von Richard Barth), Hamburg: Hamburger Edition, 2009⟩; Marc Abélès, *Politique de la survie*, Paris: Flammarion, 2006.

stehen, insofern mit ihm sowohl die moralische als auch die politische Ökonomie unserer Zeit auf dem Spiel stehen, insofern es eine zentrale Frage für die gegenwärtige Welt darstellt und insofern es selbst »zum *Problem*« wurde, wie Nietzsche geschrieben hat.[6] Deshalb habe ich, wie in der Vorrede schon angedeutet, mehr Wert auf Kohärenz als auf eine ohnehin nicht mögliche Vollständigkeit gelegt. Denn über die Frage der ungleichen Leben nachzudenken, schien mir theoretisch und praktisch notwendiger zu sein, als eine unglaubwürdige Anthropologie des Lebens auszuarbeiten. An einem solchen Unterfangen haben andere sich versucht – ohne wirkliche Überzeugungskraft und ohne es ihrerseits je auch nur zum Abschluss bringen zu können.

Diese Entscheidung hat zwei wichtige Implikationen, die gegenüber einer ganzen Zahl von anthropologischen, soziologischen und philosophischen Arbeiten einen doppelten Bruch darstellen: Wer von Ungleichheit spricht, ist aufgefordert, die ganze soziale Welt zu analysieren – und nicht bloß ihr unteres Segment –, und zwar mit einem Blick für Relationen und Differenzen und nicht als homogenes Ganzes. Es geht nicht darum, das Leben der Heimatlosen, Unterdrückten, Ausgebeuteten, Gedemütigten und Beleidigten isoliert zu betrachten und so Gefahr zu laufen, es in den schwärzesten Farben zu malen, sondern darum, es in die sozialen Verhältnisse einzubeziehen, deren fundamentale Ungerechtigkeit ja gerade in einer implizit vorgenommenen bzw. explizit eingestandenen Hierarchisierung der Leben besteht. Es ist

6 Friedrich Nietzsche, *Die fröhliche Wissenschaft*, in: ders., *Sämtliche Werke. Kritische Studienausgabe*, Bd. 3, München: Deutscher Taschenbuchverlag, 1980, S. 341-651, hier S. 350 (Nr. 3), deutsche Erstausgabe 1882.

diese Hierarchie, die ihre Herabsetzung, Stigmatisierung und brutale Behandlung erlaubt und die Bevorzugung anderer begünstigt. Und es geht auch nicht darum, die generischen Merkmale der Gesellschaften der Gegenwart zu betrachten, was häufig getan wird, um ihren Individualismus und Konsumismus, ihre Verstraflichung, die Ausweitung der Überwachung und die Herrschaft des Spektakels anzuprangern. Die Disparitäten, die sich in diesen soziologischen Tendenzen zu erkennen geben, und die ganz unterschiedlichen Auswirkungen, die sie auf das Leben der Menschen haben, werden dabei häufig unterschätzt. Denn es ist gerade diese ungleiche Verteilung der Folgen dieser generischen Merkmale, die deren Produktion und Reproduktion erlaubt.

Mit den Worten von Pierre Bourdieu gesagt, ist das Leben nicht nur durch seine »Situation« gekennzeichnet; man muss auch seine »Position« zur Kenntnis nehmen.[7] Das Leben derjenigen »ohne«, ob nun ohne gültige Papiere, ohne Wohnsitz, ohne Staatsbürgerschaft, ohne Heimat oder ohne Rechte, lässt sich nur im Verhältnis zum Leben derjenigen »mit«, wenn man so sagen kann, verstehen, das heißt derjenigen, die in den Genuss all dieser in der Regel für selbstverständlich gehaltenen Dinge kommen, und dieses Verhältnis wird durch die Gesamtheit der Institutionen vermittelt, die zur Legitimation und Aufrechterhaltung solcher Disparitäten beitragen. Ebenso wenig wie man sich mit einem Blick auf

7 Pierre Bourdieu, »L'espace des points de vue«, in: ders. (Hrsg.), *La Misère du monde*, Paris: Seuil, 1993, S. 11 ⟨dt.: »Position und Perspektive« (Aus dem Französischen von Bernd Schwibs), in: ders. (Hrsg.), *Das Elend der Welt. Zeugnisse und Diagnosen alltäglichen Leidens an der Gesellschaft*, Konstanz: UVK, 1997, S. 17-19, hier S. 19⟩.

das untere Ende der sozialen Stufenleiter begnügen darf, kann man sich mit einer homogenisierenden Herangehensweise an die Gesellschaft zufriedengeben. Nur dann eröffnet die Betrachtung des Lebens aus der Perspektive der Ungleichheit ein neues Verständnis der sozialen Welt, aber auch neue Interventionsmöglichkeiten. Denn sie erlaubt, dass man vom Ausdrücken des Mitgefühls zur Anerkennung einer Ungerechtigkeit übergeht.

Das heißt, dass die Entscheidung, das Leben unter dem Gesichtspunkt der Ungerechtigkeit zu behandeln, nicht nur das Ergebnis einer theoretischen und praktischen Notwendigkeit ist, sondern auch einer ethischen und politischen Notwendigkeit. Denn diejenigen, die die von mir untersuchten Situationen erleben, leiden nicht nur unter einer Vielzahl von Entbehrungen. Sie leiden auch darunter, dass ihre Entfremdung als solche nicht ausgesprochen wird. Schließlich ist die Tatsache ungleicher Leben keine Entdeckung der Forschung, sondern ein integraler Bestandteil des Bewusstseins derjenigen, die auf der falschen Seite der Ungleichheit stehen, auch wenn die anderen diese Tatsache in den meisten Fällen ignorieren, vertuschen oder bestreiten. Dieses Bewusstsein äußert sich in einer Vielzahl von Protestformen, die viel zu selten Beachtung finden: Flüchtlinge, die sich in einem französischen Lager die Lippen zusammennähen, und Häftlinge, die sich in ecuadorianischen Gefängnissen ans Kreuz nageln lassen, junge Palästinenser, die Soldaten der Besatzungsarmee ihres Landes angreifen, und Aktivisten der Bewegung »Black Lives Matter«, die die Ermordung von Afroamerikanern durch Polizisten brandmarken. Doch noch häufiger äußert es sich still und leise, unmerklich, in der Privatheit von Gesprächen innerhalb der Familie oder unter Freunden, ja sogar bei Interviews mit einem Journalisten oder Treffen mit einem Ethnographen.

Während meiner Untersuchungen im subsaharischen Afrika, in Lateinamerika und in Frankreich habe ich solche mehr oder weniger offen ausgesprochenen, die Ungerechtigkeit und zugleich die Verleugnung der Ungerechtigkeit beklagenden Worte häufig gehört – im Großraum Paris vor allem aus dem Munde von jungen Männern aus der Unterschicht und aus ethnischen Minderheiten, die ständig von den Ordnungskräften in ihrem Viertel schikaniert, beleidigt und drangsaliert wurden und sich manchmal nach Schnellverfahren, bei denen die Staatsanwaltschaft sie vor Gericht in die Mangel genommen, verunglimpft und gedemütigt hatte, im Gefängnis wiederfanden, wie ich beobachten konnte.[8] Denn der »Kampf um Anerkennung«, dessen Grammatik Axel Honneth analysiert hat, ist untrennbar mit seinem negativen Kontrapunkt, der Erfahrung von »Erniedrigung« und »Missachtung«, verbunden.[9] Von daher ist die elementarste Anerkennung, die wir denjenigen schulden, zu deren Lasten die Ungleichheit der Leben geht, nicht nur die Anerkennung dieser Tatsache, deren Opfer sie sind und die sie tagtäglich erleben, sondern auch von deren unaufhörlicher Leugnung, die sich tief in ihr Bewusstsein eingebrannt hat. In diesem Sinne kann

8 Didier Fassin, *La Force de l'ordre. Une anthropologie de la police des quartiers*, Paris: Seuil, 2011; ders., *L'Ombre du monde. Une anthropologie de la condition carcérale*, Paris: Seuil, 2015.

9 Axel Honneth, *Kampf um Anerkennung*, a.a.O, S. 212ff.; ders., *La société du mépris. Vers une nouvelle théorie critique*, Paris: La Découverte, 2006 ⟨mit Texten, die im deutschen Original vor allem in Honneths beiden Aufsatzbänden *Das Andere der Gerechtigkeit* (Frankfurt am Main: Suhrkamp Verlag, 2000) und *Unsichtbarkeit* (Frankfurt am Main: Suhrkamp Verlag, 2003) erschienen sind⟩.

die im Titel dieses Buches angekündigte »Gebrauchsanweisung« kritisch genannt werden.

Häufig werden zwei Formen des kritischen Denkens einander gegenübergestellt.[10] Die eine, von Marx und Horkheimer, betrachtet uns als Gefangene einer Ideologie, die uns daran hindert, die Welt so zu sehen, wie sie ist. Die kritische Arbeit besteht dann darin, uns durch die Aufdeckung dieser Entfremdung, das heißt der Logiken, Interessen und Mächte zu emanzipieren, die der Analyse unserer Situation im Wege stehen – auch wenn die Beherrschten ihre soziale Intelligenz häufiger unter Beweis stellen, als die Theorie annimmt. Die andere, von Nietzsche und Wittgenstein, betont unser Gefangensein in einer Weltsicht, die uns die Dinge fälschlicherweise als evident erscheinen lässt. Die kritische Arbeit besteht dann darin, uns die Willkürlichkeit und Zufälligkeit unserer Werte, Normen und Vorstellungen bewusst zu machen, mit anderen Worten das in Frage zu stellen, was die Macht der Gewohnheit und der herrschende Konformismus uns für unzweifelhaft halten lassen – aber auch hier können die Beherrschten sich als scharfsichtiger erweisen, als man gewöhnlich glaubt.[11] Die erste, von der Frankfurter Schule vertretene, normative Form mündet in Gesellschaftskritik: Wir müssen die Welt verändern. Die zweite, von Michel Foucault entwickelte genealogische Form führt zu Erkenntniskritik: Unsere Perspektive auf die Welt muss sich ändern.

10 David Owen, »Criticism and Captivity. On Genealogy and Critical Theory«, in: *European Journal of Philosophy*, 2002, 10 (2), S. 216-230.

11 Didier Fassin, »The Endurance of Critique«, in: *Anthropological Theory*, 2017, 17 (1).

Durch die Analyse, wie es sein kann, dass die abstrakte Wertschätzung des Lebens als höchstes Gut in den als demokratisch geltenden Gesellschaften nicht verhindert, dass die konkreten Leben unterschiedlich bewertet werden, dass die internationale Verpflichtung zum Schutz von Leben in tödlicher Gefahr mit einer unerbittlichen Unterdrückung der solchermaßen bedrohten Personen vereinbar ist und dass das humanitäre Prinzip des Rettens von Leben sich als symmetrische Entsprechung des Märtyrer-Prinzips erweist, sich für eine Sache zu opfern, und darüber hinaus durch die Untersuchung der ungleichen Umgangsweisen mit dem Leben hoffe ich gezeigt zu haben, dass eine andere Perspektive auf die Welt nicht ausschließt, dass man sich um ihre Veränderung kümmert, und dass die Hinterfragung des Selbstverständlichen der Auftakt zur Anfechtung dessen sein kann, was es als solches erscheinen lässt. Die Aufdeckung der Widersprüche, von denen die moralische Ökonomie des Lebens durchdrungen ist, macht die Gesellschaften der Gegenwart nicht gerechter, aber gibt denjenigen Waffen an die Hand, die dafür kämpfen wollen, sie gerechter zu machen. In einer Zeit, in der die Disparitäten zunehmen, die Rede von Exklusion und die Diskriminierungspraktiken alltäglicher werden, in der es immer offener zur Ausgrenzung von Einzelpersonen und Gruppen aufgrund ihrer sozialen Schicht, ihrer Hautfarbe, ihrer Konfession, ihrer Herkunft oder ihres Geschlechts kommt und in der überdies Lug und Trug bei der Eroberung der Macht und für die Art des Regierens in immer mehr Fällen zu maßgeblichen Instrumenten werden, hat die Kritik keine Wahl zwischen Kampfgeist und Scharfsinnigkeit, zwischen der Anfechtung trügerischer Ideologien und der Anfechtung falscher Selbstverständlichkeiten. Zu zeigen und zu erklären, was die ungleiche Behandlung von Menschenleben bedeutet und impliziert, ist Teil sowohl des intellektuellen als auch des politischen Engagements, auf das sich die kritische Arbeit in aller Bescheidenheit berufen kann.